U0476430

贺州学院2020年度博士科研启动基金"以'服务'相关理论为主方向的科研能力提升项目"资助（项目编号：HZUBS202002）

广西观光日语导游应用与研究

高浩 著

中国商务出版社
·北京·

图书在版编目（CIP）数据

广西观光日语导游应用与研究 / 高浩著. -- 北京：中国商务出版社，2024.6. -- ISBN 978-7-5103-5199-0

Ⅰ. F592.767

中国国家版本馆CIP数据核字第2024KR7455号

广西观光日语导游应用与研究
GUANGXI GUANGUANG RIYU DAOYOU YINGYONG YU YANJIU

高浩　著

出版发行：	中国商务出版社有限公司
地　　址：	北京市东城区安定门外大街东后巷28号　邮编：100710
网　　址：	http://www.cctpress.com
联系电话：	010-64515150（发行部）　010-64212247（总编室）
	010-64243016（事业部）　010-64248236（印制部）
责任编辑：	韩冰
排　　版：	德州华朔广告有限公司
印　　刷：	北京明达祥瑞文化传媒有限责任公司
开　　本：	710毫米×1000毫米　1/16
印　　张：	8.5
字　　数：	118千字
版　　次：	2024年6月第1版
印　　次：	2024年6月第1次印刷
书　　号：	ISBN 978-7-5103-5199-0
定　　价：	60.00元

凡所购本版图书如有印装质量问题，请与本社印制部联系
版权所有　翻印必究（盗版侵权举报请与本社总编室联系）

前　言
PREFACE

很荣幸向您介绍《广西观光日语导游应用与研究》这本专著。在本书中，我对广西旅游业的发展进行了深入的探讨，并重点关注了日语导游在广西旅游中的应用。通过对日语导游的基本素质、日本旅游经验对广西观光日语导游应用的影响以及广西观光日语导游应用案例的研究，我试图全面地呈现出广西观光日语导游的发展与挑战。

我曾从事日本来客接待工作，工作内容除商务接待外，还有学术交流、景区介绍等。工作中有不少感触，要想做好工作需要掌握很多知识和技巧，希望我的经验能为中日友好交流、广西旅游业贡献一份力量。

第一章介绍了广西旅游的概况与发展，让读者能够对广西旅游业发展背景进行全面了解。在第二章中，我们探讨了日语导游在广西旅游中的应用，重点分析了日语导游的角色和作用。第三章聚焦于日语导游的基本素质，帮助读者更好地理解日语导游应具备的技能和素养。第四章则探讨了日本旅游经验对广西观光日语导游应用的影响，为读者提供了宝贵的借鉴。在第五章中，我们分享了广西观光日语导游应用案例的研究成果，希望能够为相关从业人员提供实用的参考。在第六章中，我们深入探讨了广西观光日语导游的发展与挑战，并展望未来的发展方向。

我相信，本书将为对广西旅游业和日语导游应用感兴趣的读者提供有益的信息和见解。我衷心希望本书能够成为学术界和业界的交流平台，从而促进广西旅游日语导游应用领域的进步和发展。

最后，我要感谢所有支持和协助完成本书的人士，没有他们的支持与帮助，本书无法顺利完成。希望本书能够为您带来启发和收获，期待您的阅读和反馈。

高浩 谨致

目 录
CONTENTS

引 言 ··· 1

第一章 广西旅游概况与发展 ··· 7
  1.1 广西地理与文化背景 ··· 9
  1.2 广西旅游业的发展历程和现状 ································· 20
  1.3 广西作为观光目的地的潜力和优势 ························· 22

第二章 日语导游在广西旅游中的应用 ······················· 37
  2.1 日语导游的定义 ··· 39
  2.2 日语导游的作用 ··· 40
  2.3 日语导游在广西旅游中的需求和市场 ····················· 41
  2.4 广西旅游景点的日语导游服务现状和问题 ············· 42

第三章 日语导游的基本素质 ··· 47
  3.1 反对本本主义，提倡创新精神 ································· 49
  3.2 日语导游的基本知识 ··· 52
  3.3 日语导游的基本技能 ··· 61
  3.4 专业领域知识与文化背景 ··· 65
  3.5 沟通和解说技巧 ··· 68

第四章 日本旅游经验对广西观光日语导游应用的影响 ··· 79
  4.1 日本旅游业的发展与特点 ··· 81
  4.2 日本旅游经验对广西观光日语导游服务质量的影响 ··· 86

第五章　广西观光日语导游应用案例研究 ································ 91
5.1　不同类型旅游景点的日语导游应用案例 ····················· 93
5.2　旅游企业对日语导游的需求和评估 ····························· 114
5.3　评估游客对日语导游服务的满意度 ····························· 116

第六章　广西观光日语导游的发展与挑战 ································ 119
6.1　发展机遇和前景 ··· 121
6.2　面临的挑战和问题 ··· 122
6.3　未来发展方向和建议 ··· 123
6.4　结论 ··· 124

参考文献 ·· 128

引 言

引言

研究背景和动机

当今世界，旅游业正迅速发展，成为国民经济的重要支柱之一。作为中国的一个省级区域，广西拥有丰富多样的自然风光和独特的文化遗产，吸引着越来越多的游客。同时，随着中日友好关系的进一步发展，日本游客对广西旅游的兴趣也日益增长。

在广西旅游业的发展过程中，导游作为旅游服务的重要环节，起着引导、解说和服务的关键作用。而日语导游作为满足日本游客需求的专业人才，在广西旅游中的应用与研究尤为重要。然而，目前对广西观光日语导游应用的研究还相对较少，相关的学术专著和研究成果亦较为匮乏。

笔者通过对广西旅游概况与发展、日语导游在广西旅游中的应用、日语导游的基本素质、日本旅游经验对广西观光日语导游应用的影响、广西观光日语导游应用案例研究以及广西观光日语导游的发展与挑战等方面进行深入探讨，旨在为相关从业人员提供实用的指导和借鉴，同时为学术界提供宝贵的研究成果。

本专著的研究背景和动机在于填补广西观光日语导游应用研究的空白，为广西旅游业的发展和中日旅游交流做出积极贡献。通过深入探索日语导游在广西旅游中的应用，以及相关的专业知识、培训与认证体系，我希望为广西观光日语导游的培养和提升质量打下坚实的学术基础，并为相关领域的学术研究提供新的视角和启示。

研究目的和研究问题

研究目的

本专著研究的目的是深入探讨广西观光日语导游应用的现状和发展趋势，为广西旅游业的提升和中日旅游交流做出贡献。通过对日语导游在广西旅游中的角色、专业知识与技能要求、培训与认证体系以及实际应用案例的研究，旨在为相关从业人员提供实用的指导和借鉴，同时为学术界的研究提供新的视角和启示。

研究问题

在实现上述研究目的的基础上，本研究将关注以下几个研究问题：

第一，广西观光日语导游的应用现状是怎样的？目前存在哪些问题和挑战？

第二，日语导游在广西旅游中扮演着怎样的角色？他们的责任和职责是什么？

第三，成为一名优秀的广西观光日语导游需要具备哪些专业知识和技能？这些知识和技能对于提供高质量的导游服务有何影响？

第四，广西观光日语导游的培训与认证体系是怎样的？其有效性和质量如何？

第五，通过案例研究，我们能够了解到哪些关于广西观光日语导游应用的实际情况和经验教训？

第六，广西观光日语导游在发展过程中面临哪些挑战？未来的发展趋势是怎样的？

通过对上述研究问题的深入探讨和分析，我们希望能够为广西观光日语导游应用的提升和发展提供有益的建议和指导，并为相关领域的学术研究提供新的视角和研究成果。

研究方法和数据来源

研究方法

本研究将采用综合性的研究方法，包括文献综述、实地调研和案例分析等。具体的研究方法如下：

文献综述。通过对相关领域的学术文献、专业书籍和研究报告进行全面系统的梳理和分析，了解广西观光日语导游应用的研究现状、理论基础和发展趋势。

实地调研。通过实地走访广西旅游景区、导游培训机构、旅行社等，与从业人员进行深入交流和访谈，了解他们在实际工作中的经验、困惑和需求，进而获取关于广西观光日语导游应用的实际情况和问题。

案例分析。选取一些具有代表性的广西观光日语导游案例，对其背景、应用方式、服务质量等进行深入研究和分析，以揭示实际应用中的优势、不足和改进空间，从而为相关从业人员提供借鉴和启示。

数据来源

本研究的数据主要来源于以下渠道：

学术文献和专业书籍。通过查阅相关领域的学术期刊、会议论文集、专业书籍等，获取关于广西观光日语导游应用的理论基础、研究成果和发展趋势等方面的数据。

实地调研和访谈。通过走访广西旅游景区、导游培训机构、旅行社等，与从业人员进行深入交流和访谈，获取他们在实际工作中的经验、观点和需求，以及对广西观光日语导游应用的实际情况的了解。

案例分析。选取一些具有代表性的广西观光日语导游案例，通过对案例的深入研究和分析，获取有关实际应用中的数据和经验教训。

本研究将综合利用文献综述、实地调研和案例分析等方法，获取关于广西观光日语导游应用的数据和信息，以支持研究问题的探索和分析，并为相关从业人员提供实用的指导和借鉴。

第一章

广西旅游概况与发展

1.1 广西地理与文化背景

广西壮族自治区位于中国南部，东临广东省，西接云南省，南接越南，北连贵州、湖南两省。地理位置使广西拥有得天独厚的自然资源和独特的文化背景。

1.1.1 地理景观特点

广西地理特点主要表现在以下几个方面：

（1）地形

广西的地形非常多样，包括山脉、丘陵、盆地、平原和河流等。

① 山脉

广西的主要山脉有以下几个：

青秀山脉。位于南宁市境内，是广西的重要山脉之一。青秀山脉以其独特的地貌景观和丰富的植被而闻名。

梧州山脉。位于梧州市境内，是广西的另一个重要山脉。梧州山脉地势较低，山体多为丘陵和低山。

南岭山脉。位于桂林市境内，是广西最著名的山脉之一。南岭山脉以其壮丽的喀斯特地貌而闻名，如漓江、阳朔等。

② 丘陵

广西的丘陵地区主要分布在东北部和西南部，其中包括桂东丘陵和兴安丘陵。这些丘陵地区地势起伏，丘陵间有许多沟壑和小溪流经，形成了美丽的自然景观。

③ 盆地

广西的盆地主要有南宁盆地和玉林盆地。

南宁盆地。南宁盆地位于广西中部，是广西的政治、经济和文化中心。该盆地呈南北走向，北起柳江，南至邕江，东至横县，西至武鸣区。盆地内多为丘陵和低山，地势相对平缓。南宁市作为盆地内最大的城市，拥有发达的交通网络和完善的基础设施。盆地内的气候温暖湿润，四季分明，适宜农业发展。此外，南宁盆地还拥有丰富的自然资源和旅游资源，如青秀山、西山风景区等。

玉林盆地。玉林盆地位于广西东南部，是一个较为显著的盆地地区。该盆地大致范围北起北流市北部，南至博白县南部，东至陆川县东部，西至兴业县西部。盆地内地形以平原和低丘为主，地势相对平坦，土壤肥沃，非常适合农业生产。玉林市作为盆地内的中心城市，经济繁荣，文化底蕴深厚。玉林盆地的气候同样属于亚热带季风气候，温暖湿润，有利于农作物和园林植物的生长。

总体而言，南宁盆地和玉林盆地都是广西重要的地理特征，各自具有不同的地貌、气候和资源特点。这些盆地为广西的发展提供了良好的自然条件，并成为人们生活、工作和旅游的重要区域。

④ 平原

广西的平原地带主要分布在中北部地区，包括柳州平原和百色平原等。这些平原地势相对较低，地形相对平坦，土地肥沃，是农业发展的重要区域。

柳州平原。柳州平原位于广西中部，以柳州市为中心，东西长约200千米，南北宽约70千米。这片平原地区地势相对平坦，土地肥沃，气候温暖湿润，是广西重要的农业基地之一。柳州平原盛产稻谷、蔬菜、水果等农作物。此外，平原内还有柳江、融江等水系，水资源丰富，有利于农田灌溉和渔业发展。

百色平原。百色平原位于广西西北部，以百色市为中心。这片平原地势相对平坦，土地肥沃，气候适宜，也是广西的农业重要区域之一。百色平原盛产稻谷、玉米、甘蔗等农作物，还有丰富的水果资源，如柚子、菠萝等。平原内还有百色港，是广西对外贸易的重要通道之一。

这些平原地区的农业发展不仅满足了当地居民的食物需求，也为广西提供了丰富的农产品资源。此外，平原地带的交通条件较好，便于农产品的运输和流通，促进了农业经济的发展。这些平原地区吸引了投资和工业发展，成为广西综合经济发展的重要组成部分。

⑤ 河流

广西有许多重要的河流，如漓江、灵江、柳江、西江等。这些河流蜿蜒流经广西各地，形成了壮丽的水系景观，并为广西提供了重要的水资源。

漓江。漓江是广西最知名的河流之一，发源于桂林市阳朔县的猫儿山，流经阳朔、桂林等地，最终注入西江。漓江以其秀美的山水景观而闻名，是中国著名的旅游胜地之一。沿岸的奇峰怪石、清澈的水质和独特的光影效果，吸引着众多国内外游客前来欣赏。

柳江。柳江发源于广西南宁市，流经柳州市，最终注入西江。柳江全长约223千米，河道平缓，水流平稳。柳江既是广西重要的水源地之一，也是柳州市的重要水运通道。沿岸有一些风景名胜区，如融水苗族自治县的柳江风景区。

西江，是珠江流域的主流，为中国第三大河流。发源于云南省曲靖市沾益区境内的马雄山，流经贵州、广西，至广东省佛山市三水区思贤滘与北江相通并进入珠江三角洲网河区，干流在珠海市的磨刀门水道注入南海。西江从上游往下游分为南盘江、红水河、黔江、浔江及西江等段，主要支流有北盘江、柳江、郁江、桂江及贺江等，广东省境内汇入的主要支流有贺江、罗定江和新兴江。西江干流全长2 214千米，多年平均水资源总量2 302亿立方米，流域面积约35.31万平方千米，流经5个省份。

这些河流不仅为广西提供了丰富的水资源，也赋予了广西独特的自然风光和旅游资源。同时，河流还承载着广西的历史文化和人民的生活，对当地经济和社会发展起到了重要的推动作用。

总体而言，广西的地形多样，包括山脉、丘陵、盆地、平原和河流等。这些地形特点为广西提供了丰富多样的自然景观和旅游资源，吸引着众多游客前来探索和体验。对于广西观光日语导游应用的开发与研究来说，了解和传达广西的地形特点将有助于更好地介绍广西的地理环境，提供更全面的旅游信息，增强游客的旅游体验感。

（2）气候

广西的气候主要属于亚热带湿润气候和热带季风气候，具有温暖湿润的气候特点。

① 季风气候

广西受到东亚季风的影响，具有明显的季风特征。夏季（4月至9月）是广西的雨季，气温较高，多雨多湿。气候炎热潮湿，日平均气温在25℃至30℃。同时，夏季还有较多的热带气旋活动，可能会带来台风和强降雨。

冬季（10月至次年3月）是广西的旱季，气温较低，相对干燥。气温较为宜人，日平均气温在10℃至20℃。但是，冬季北部山区可能会出现寒潮天气，气温骤降，有时还会出现霜冻。

春季和秋季是广西的过渡季节，气温适中，气候宜人。春季（3月至4月）气温逐渐回暖，植被复苏。秋季（9月至10月）气温开始降低，天空晴朗，是广西的旅游旺季之一。

② 雨量分布

广西的雨量分布不均匀，主要集中在夏季。南部和东部地区降雨较多，年平均降水量在1 200毫米以上，有些地区超过2 000毫米。而北部和西北部地区降雨相对较少，年平均降水量在800毫米左右。

总体而言，广西的气候特点是温暖湿润，夏季炎热潮湿，冬季相对凉爽干燥。了解广西的气候特点对于旅游规划和活动安排非常重要，可以帮助游客选择合适的季节和地点，以获得更好的旅游体验。同时，对广西观光日语导游应用的开发与研究来说，了解广西的气候特点将有助于提供游客所需的天气信息，为他们的旅行提供更好的指导和建议。

（3）自然景观

广西是中国南方一个拥有丰富自然景观的省份，具有多样化特色，包括喀斯特地貌、河流和湖泊、洞穴和森林等。这些景观吸引着大量游客前来探索和欣赏，也为广西的旅游业做出了重要贡献。以下是对广西自然景观的概述。

喀斯特地貌。广西是著名的喀斯特地区之一，拥有壮丽的喀斯特地貌景观。这种地貌以岩溶地貌为主，包括奇峰怪石、溶洞、地下河等。桂林的漓江风景名胜区和阳朔的十里画廊就是典型的喀斯特地貌景观，其美丽的山水画卷吸引了无数游客。

河流和湖泊。广西拥有许多著名的河流和湖泊，如漓江、柳江和南宁市的青秀湖等。这些河流和湖泊都有着清澈的水质和美丽的自然风光，游客可以选择乘船游览，欣赏沿岸的山水和丰富的生物。

洞穴。广西还拥有许多壮观的洞穴景观，如桂林的七星岩、龙胜的龙脊梯田景区和南宁市的青秀山洞等。这些洞穴都有着奇特的地质结构和丰富的石钟乳石景观，游客可以参加导游讲解的洞穴探险活动，探索地下奇观。

森林。广西拥有茂密的森林资源，其中包括了多个著名的自然景区，如青秀山风景区以及著名的十万大山国家级自然保护区等。青秀山虽非国家级自然保护区，但其秀丽的山水风光同样令人流连忘返，提供了丰富的自然景观与户外活动空间。而十万大山国家级自然保护区则以其原始的生态系统和丰富的生物多样性，为游客提供了观赏珍稀野生动植物、感受大自然壮丽与神奇的绝佳机会。在这里，游客不仅能享受大自然的宁静与美好，还能深入体验自然生态的奇妙与和谐。

总的来说，广西的自然景观丰富多样，以喀斯特地貌、河流和湖泊、洞穴和森林等为特色。这些景观吸引着众多游客前来探索和欣赏，同时也为广西的旅游业做出了重要贡献。对于广西观光日语导游应用的开发与研究来说，了解广西的自然景观将有助于提供更详细和准确的景点介绍，帮助游客更好地了解和欣赏广西的自然之美。

1.1.2 文化背景

广西是一个多民族、多文化的地区，其中壮族、汉族、瑶族等是主要民族。这些不同民族的文化交融，形成了广西丰富多样的文化背景。

（1）民族文化

广西壮族自治区是中国最大的少数民族地区之一，壮族是广西最大的民族群体。壮族文化是广西独特的文化符号之一，其独特的语言、服饰、音乐、舞蹈等文化元素吸引着众多游客。壮语是广西的主要语言之一，它有着悠久的历史和丰富的表达方式，被视为壮族文化的重要组成部分。

壮族服饰也是广西文化的重要组成部分，其色彩鲜艳、图案独特，展现了壮族人民的美丽和勤劳。传统的壮族服饰通常包括蓝色或黑色的上衣、白色或彩色的裙子以及各种精美的配饰，如银饰、发饰等。这些服饰不仅展示了壮族人民的审美观念，还传递了他们对自然和生活的热爱。

音乐和舞蹈是壮族文化的重要表达方式。壮族音乐以其激情奔放、节奏明快而闻名，常常伴随着锣鼓和唢呐等传统乐器的演奏。壮族舞蹈则以其优美的动作和独特的编排吸引着观众的目光。其中，壮族的"鼓舞"是最为知名的舞蹈之一，它以其独特的韵律和激情四溢的表演风格而闻名于世。

除壮族外，广西还有其他少数民族群体，如瑶族、苗族、侗族等，也拥有自己独特的传统文化。瑶族以其精湛的刺绣技艺和丰富多样的歌舞文化而著名；苗族则以其精美的银饰和独特的花楼文化吸引着游客的目光；侗族则以其独特的木楼建筑和壮丽的歌舞表演而闻名于世。这些少数民族文化的多样性丰富了广西的旅游资源，为游客提供了更加多元化的体验。

总的来说，广西的地理位置和多民族文化背景赋予了该地区丰富的旅游资源。无论是壮族的独特文化元素，还是其他少数民族的传统文化，都为广西的旅游业做出了重要贡献，吸引着众多游客前来探索和体验。这些文化元素不仅展示了广西的独特魅力，也促进了当地经济的发展和民族团结的进步。

(2)历史文化

广西壮族自治区历史悠久，是中国古代丝绸之路的重要节点之一。在古代，广西是连接中国南部与东南亚的重要贸易通道，吸引了许多商人和旅行者。广西曾是丝绸、茶叶、陶瓷等商品的贸易中心，与之相关的贸易活动不仅促进了经济发展，也推动了文化的交流和传播。

广西的历史文化遗产丰富多样，它们见证了广西在历史上的重要地位和繁荣。例如，南宁青秀山是广西历史文化的重要象征之一。青秀山位于南宁市中心，是广西最著名的风景名胜之一。山上有许多古建筑和文化景观，如南宁城楼、白龙潭等，这些景点展示了广西历史上的繁荣和文化底蕴。

桂林城楼是广西另一个重要的历史文化景观。桂林是广西最著名的旅游城市之一，拥有壮美的山水景观和悠久的历史文化。城楼是桂林历史上的重要建筑之一，其建造始于唐朝，至今已有千年历史。城楼内部展示了桂林的历史文化发展，让游客更好地了解桂林的历史和文化传承。

除南宁青秀山和桂林城楼，广西还有许多其他历史文化景观，如柳州铁山、北海银滩等。这些景点代表了广西丰富多样的历史文化遗产。

总的来说，广西的地理位置和丰富的历史文化背景为该地区的旅游业发展提供了独特的优势。广西作为中国古代丝绸之路的重要节点之一，曾是贸易中心，因此积累了丰富的历史文化遗产。南宁青秀山、桂林城楼等历史文化景观是广西独特的标志，展示了广西的历史底蕴和文化魅力。这些景点展示了广西独特的历史文化，促进了广西旅游业的发展。

(3)民俗文化

广西壮族自治区的民俗文化丰富多彩，各民族都有自己独特的民俗活动，展示了广西多元文化的魅力。其中，壮族的三月三和龙舟赛是广西民俗文化中的重要组成部分。

壮族三月三是壮族人民的传统节日，也是广西地区最具规模和影响力的民俗活动之一。这一节日通常在农历三月初三举行，壮族人民会身穿传统服饰，举行各种庆祝活动，如龙舞、歌舞表演、打牛、射箭等。这些活动展示了壮族人民的独特风俗和文化传统，吸引了众多游客的关注和参与。

龙舟赛是广西民俗文化中另一个重要的活动。广西拥有众多河流和湖泊，龙舟赛成为当地民众喜爱的体育竞技项目之一。龙舟赛通常在端午节期间举行，参赛队伍会划着装饰精美的龙舟，在水上展开激烈的比赛。这项活动不仅展示了广西人民的勇敢和团结精神，也吸引了许多游客前来观赛和体验。

除壮族外，苗族也有着自己独特的民俗文化。苗族花山节是苗族人民的传统节日，通常在农历举行。在这个节日中，苗族人民会进行丰富多彩的庆祝活动，如歌舞表演、花山祈福、祭祀等。花山节展示了苗族人民对自然的崇拜和感恩之情，也体现了他们对生活的热爱和乐观精神。

广西各民族的民俗文化丰富多样，代表了广西地区丰富多元的文化传统。壮族的三月三和龙舟赛、苗族的花山节等是广西民俗文化的重要组成部分，展示了广西各民族的独特风情和文化魅力。这些民俗活动不仅是当地人民日常生活的重要组成部分，也为广西的旅游业发展提供了独特的资源和吸引力。

（4）日本文化影响

近年来，随着中日旅游交流的增加，日本游客也成为广西旅游业的重要一部分，为广西的文化背景增添了一抹国际色彩。

日本文化对广西旅游业的影响可谓深远而积极。作为一个拥有悠久历史和独特文化的国家，日本的文化元素在广西的旅游景点和商业区域中得到了体现。这种影响可以从多个方面来看。

首先，在桂林市的一些景区，我们可以看到仿日式建筑的设计。比如，漓江边的一些小巷，以其独特的建筑风格呈现出日本传统建筑的特色，给游客带来了一种异国情调的感受。这些建筑物的设计灵感来源于日本的寺庙、茶室和传统民居，通过细腻的木结构、斗拱和曲线造型等元素展示了日本建筑的精髓，为广西的旅游景点增添了一抹别样的风景。

其次，一些日本风格的餐饮店也在广西的旅游区域兴起。这些餐厅提供正宗的日本料理，从寿司、拉面到烧烤等各种美食应有尽有。游客可以在这里品尝地道的日本美食，感受日本饮食文化的独特魅力。这些日本餐厅不仅使日本游客在他乡品尝到家乡口味，也吸引了广大游客对日本文化的好奇和探索。

最后，为了让游客能够更深入地了解和体验日本文化，一些旅行社还推出了和服体验项目。游客可以穿上华丽的和服，参观景点或参加传统活动，如茶道表演、花艺工作坊等。这些活动不仅让游客亲身感受到日本传统文化的魅力，也为广西的旅游业增添了一份独特的体验和互动。

这些日本文化的影响不仅为广西的旅游业增添了新的元素，也丰富了广西的文化背景。通过与日本游客的交流和互动，广西的旅游业得以进一步发展壮大，并且促进了中日两国之间的文化交流与合作。这种文化交流不仅有助于加深两国人民的相互了解和友谊，还为广西打造成为国际旅游目的地提供了宝贵的机遇。

（5）交流与融合

随着中日旅游交流的不断增加，广西与日本之间的文化交流与融合也日益加深。这种交流不仅体现在人员往来和旅游活动上，还表现在广西旅游业为日本游客提供的专门服务上。

在广西的一些旅游景点，可以看到一些针对日本游客的导览服务和日语讲解。旅游景区为了迎合日本游客的需求，配备了专门的日语导游或提供多语种的导览服务，使日本游客在旅行过程中能够更加便利和舒适地了解景点的历史、文化和背景。这些专业的导览服务不仅帮助日本游客更好地理解广西的旅游资源，还为他们提供了一个与当地人交流和互动的机会，进一步促进了中日两国之间的文化交流和友谊。

除导览服务外，一些旅游机构和酒店还为日本游客提供了日语服务。他们培训了一批懂日语的员工，以便更好地与日本游客沟通和交流。无论是在酒店入住、用餐还是购物过程中，日本游客都能感受到来自广西人民的热情款待和专业服务。这种日语服务的提供不仅提高了日本游客在广西旅行中的满意度，也为广西打造成为国际旅游目的地树立了良好的形象。

此外，广西还积极推动中日文化交流活动。例如，在一些节假日或重要纪念日，广西会举办日本文化展览、传统艺术表演和座谈会等活动，这些活动吸引着众多的日本游客参与其中。这些活动不仅让日本游客更深入地了解广西的文化和传统，也为广西的居民提供了与日本游客互动和交流的机会，加深了两国人民之间的相互了解和友谊。

这些针对日本游客的导览服务、日语讲解和日语服务的提供，不仅为日本游客带来了更加便利和舒适的旅游体验，也促进了广西与日本之间的文化交流与融合。通过这种交流与融合，广西的旅游业得以进一步发展壮大，并且为中日两国人民之间的友谊和合作搭建了桥梁。同时，这也为广西的旅游业在国际舞台上树立了良好的形象，进而吸引更多的日本游客前来探索广西的独特魅力。广西与日本之间的文化交流与融合将持续推动两国之间的友好关系和互利合作，在促进地区的经济繁荣和人民的幸福生活方面发挥着重要的作用。

（6）跨文化体验

广西作为中国的一个地区，拥有丰富多样的地理和民族文化，与日本的文化差异也是吸引日本游客的一个重要因素。来自日本的游客可以通过参观广西的壮族村寨、品尝当地美食、欣赏民俗表演等方式，深入了解广西的独特文化传统，并将其与自己国家的文化进行对比和体验。

广西地处中国的西南边陲，拥有丰富的自然资源和壮美的地理环境。这里是壮族、瑶族、苗族、侗族等多个少数民族聚居的地区，每个民族都有着独特的风俗、语言和传统习俗。壮族是广西最大的少数民族，其以丰富多彩的文化活动和悠久的历史文化而闻名。日本游客可以参观广西的壮族村寨，了解壮族的传统生活方式、服饰、建筑风格等，感受不同文化背景下的人们的生活态度和价值观念的差异。

广西的美食文化也是吸引日本游客的一大特色。广西因其独特的地理位置和气候条件，拥有丰富多样的美食资源。著名的广西米粉、桂林米粉、柳州螺螺粉等都是当地特色美食，其口味独特，风味浓郁。日本游客可以品尝这些美食，体验不同于自己国家的独特口味和饮食文化。

广西还举办各种民俗表演和传统节日活动，让游客能够感受和参与到广西的文化庆典中。例如，壮族的歌舞表演、苗族的火把节、瑶族的龙船节等，都是广西文化的重要组成部分。日本游客可以欣赏这些民俗表演，了解广西民族文化的独特之处，并与自己国家的文化进行对比和体验。

通过这些跨文化的体验，日本游客能够更深入地了解广西的地理和文化背景，进一步体验和感受不同文化之间的差异和相似之处。这种跨文化的交流与体验不仅丰富了日本游客的旅行经历，也促进了中日两国人民之间的相互了解和友谊。同时，广西作为一个独特的旅游目的地，通过展示其地理和文化背景，吸引了更多的日本游客，为广西旅游业的发展做出了积极的贡献。

广西作为中国的一个地区，在旅游业方面取得了显著的发展成就，不仅吸引了来自国内各地的游客，也吸引了越来越多的日本游客。这种中日旅游交流不仅为广西的旅游业带来了新的发展机遇，也促进了中日两国文化的交流与合作。

广西的地理环境和丰富多样的文化背景是其旅游业蓬勃发展的重要因素之一。这种多元文化背景为广西的旅游业提供了丰富的资源和吸引力。

广西的旅游资源丰富多样，包括世界自然遗产地、国家级自然保护区、名山大川、风景名胜区等。例如，桂林的漓江风景区以其壮丽的山水景观闻名于世，被誉为"山水甲天下"。北海的银滩则是一个拥有细腻白沙和清澈海水的沙滩度假胜地。这些自然风景区吸引了大量的游客，包括来自国内各地和日本的游客。

广西还以其独特的民族文化而闻名。这些民俗活动不仅展示了广西的文化魅力，也吸引了许多对多元文化感兴趣的游客前来观赏和体验。其中，日本游客对广西的文化差异和独特性表现出浓厚的兴趣，他们希望通过旅行来深入了解广西的历史、传统和生活方式。

中日旅游交流为广西的旅游业带来了新的发展机遇。广西的旅游机构和服务业不断提升和改进，为日本游客提供更加便利和舒适的旅游体验。例如，一些旅游景区配备了专门的日语导游和提供多语种的导览服务，以满足日本游客的需求。同时，一些旅游机构和酒店也提供了日语服务，培训懂日语的员工，以更好地与日本游客沟通和交流。这些举措不仅提高了日本游客在广西旅行中的满意度，也为广西的旅游业树立了良好的形象。

中日旅游交流也促进了中日两国文化的交流与合作。广西积极举办中日文化交流活动，如日本文化展览、传统艺术表演等，吸引着众多的日本游客参与其中。这些活动不仅让日本游客更深入地了解广西的文化和传统，也为广西的居民提供了与日本游客互动和交流的机会，加深了两国人民之间的相互了解和友谊。

广西的旅游业吸引了来自国内各地和日本的游客。这种中日旅游交流为广西的旅游业带来了新的发展机遇，同时也促进了中日两国文化的交流与合作。通过跨文化的体验和交流，游客能够更好地了解广西的地理和文化背景，增进对不同文化的了解和认知。广西作为一个独特的旅游目的地，通过展示其地理和文化背景，吸引了更多的日本游客前来探索广西的魅力，为广西的旅游业发展做出了积极的贡献。

1.2　广西旅游业的发展历程和现状

广西旅游业经历了多年的发展，取得了显著的成就。以下是广西旅游业的发展历程和现状的描述。

（1）发展历程

20世纪70年代末，中国实行了改革开放政策，这也为广西旅游业的发展创造了机遇。广西依托其得天独厚的自然景观和独特的文化风情，如桂林山水和壮乡风情等，吸引了国内外游客的关注和到访。

桂林山水是广西最著名的旅游景点之一，它以其独特的喀斯特地貌而闻名于世。桂林的山峦、洞穴、河流和田园风光构成了美丽而宜人的景色，吸引了大量游客前来观光和度假。广西还拥有其他少数民族聚居区，这些地区的独特文化风情也成为吸引游客的重要因素。

广西政府积极投资基础设施建设，提升了旅游接待能力和服务质量。例如，加强交通网络的建设，提高旅游景点的便捷性和可访问性。同时，广西还加强了与其他地区的旅游合作，推动旅游资源的共享和开发。这包括与邻近省份如云南、贵州等的旅游合作，以及与东南亚国家的旅游交流，进一步促进了广西旅游业的发展。

近年来，中日旅游交流的增加为广西旅游业带来了新的发展机遇。广西积极改善旅游环境，提升服务质量，并针对日本游客的需求提供定制化的旅游产品和服务。例如，在桂林等地推出了专门针对日本游客的日语导游服务、日式餐饮和住宿设施等。这些举措有助于吸引更多的日本游客来广西旅游，进而推动广西旅游业的发展。

广西旅游业在过去几十年取得了显著的发展。政府投资基础设施建设、加强旅游合作，以及针对不同市场需求进行定制化的服务，都为广西旅游业的繁荣发展做出了重要贡献。未来，广西将继续致力于提升旅游产业的竞争力和可持续发展，为游客提供更好的旅游体验。

（2）现状

目前，广西旅游业呈现出蓬勃发展的态势，广西的旅游业结构逐渐多元化。除以桂林、阳朔等地为代表的山水风景区，以及以壮族村寨、民俗文化等为特色的民族风情旅游外，广西还发展了以温泉、健康养生等为主题的休闲度假旅游。这种多元化的旅游产品和服务满足了不同游客的需求。

广西旅游业的发展也带动了相关产业的繁荣发展。酒店、餐饮、交通等旅游配套服务得到了全面发展，为游客提供了更加便利和舒适的旅游体验。同时，广西还积极开展旅游宣传和推广活动，提高了广西旅游的知名度和影响力。

广西旅游业经历了多年的发展，取得了显著的成就。广西正在不断提升旅游服务质量，扩大旅游市场规模，进一步推动旅游业的繁荣发展。

1.3　广西作为观光目的地的潜力和优势

广西作为中国的一个地区，拥有丰富多样的自然景观、独特的民族文化和悠久的历史底蕴，具备成为理想观光目的地的潜力和优势。

1.3.1　自然景观的丰富多样性

如前文所述，广西拥有国际闻名的自然景观，其中以桂林山水和阳朔田园风光最为著名。桂林山水以其奇峰怪石、清澈的河流和茂密的植被而闻名于世，被誉为"山水甲天下"。阳朔则以其独特的喀斯特地貌、田园风光和漓江风情吸引了无数游客的关注。

除桂林和阳朔外，广西还有许多其他值得一游的自然景观，如龙胜梯田、象山温泉、龙脊梯田等。这些景点展示了广西丰富多样的自然风貌，给游客带来了与众不同的观光体验。

广西拥有丰富多样的山水风景，包括喀斯特地貌、河流、湖泊、洞穴和森林等，下面是一些关于广西自然景观的详细介绍。

（1）喀斯特地貌景观

广西以其壮丽的喀斯特地貌而闻名于世。喀斯特地貌是由溶蚀作用形成的，地表被石灰岩、石笋和石柱等溶蚀物覆盖。这种地貌在广西得到了广泛的展示和保护。

在广西，桂林是最著名的喀斯特地貌景区之一。漓江是桂林地区最具代表性的喀斯特地貌景观之一，其壮美的山水景色吸引了无数游客。在漓江上乘船漫游，可以欣赏壮丽的喀斯特山峦、奇特的石山、清澈的水面和周围的绿色植被。

阳朔是广西另一个著名的喀斯特地貌景区。遇龙河是阳朔地区的一条美丽河流，沿岸有许多奇特的喀斯特山峦和岩石景观。游客可以选择乘船漂流，欣赏阳朔特有的喀斯特风光。

北海是广西沿海地区，同样拥有壮丽的喀斯特地貌景观。银滩是北海市最著名的海滩，其细腻的沙滩和清澈的海水与背后的喀斯特山峦形成了独特的景观。

此外，广西还有其他一些著名的喀斯特地貌景区，如龙胜、平乐、兴安等地。这些地方展示了广西丰富多样的喀斯特地貌景观，给人们带来了无尽的惊喜和欣赏的机会。

总的来说，广西以其壮丽的喀斯特地貌而闻名于世。著名的喀斯特地貌景点包括桂林的漓江、阳朔的遇龙河和印象刘三姐演艺，以及北海的银滩等。这些景点为游客提供了绝佳的机会，让游客欣赏到广西独特的自然美景。

（2）河流与湖泊景观

广西有许多重要的河流和湖泊，其中最著名的是漓江、灵江和西江。这些河流蜿蜒流经广西各地，形成了壮丽的水系景观。此外，广西还有一些美丽的湖泊，如南宁的青秀湖和桂林的荔浦芦笛湖，这些湖泊周围的风景非常迷人。

漓江，既是广西最著名的河流之一，也是中国最美丽的河流之一。它起源于桂林市，蜿蜒流经阳朔县，最终注入西江。沿途的漓江风光壮丽，被誉为"桂林山水甲天下"。游客可以选择乘船漫游漓江，欣赏奇特的喀斯特山峦、清澈的水面和周围的绿色植被。

西江，既是珠江流域的主流，为中国第三大河流。发源于云南省曲靖市沾益区境内的马雄山，流经贵州、广西，至广东省佛山市三水区思贤滘与北江相通并进入珠江三角洲网河区，干流在珠海市的磨刀门水道注入南海。西江从上游往下游分为南盘江、红水河、黔江、浔江及西江等段，主要支流有北盘江、柳江、郁江、桂江及贺江等，广东省境内汇入的主要支流有贺江、罗定江和新兴江。西江干流全长2 214千米，多年平均水资源总量2 302亿立方米，流域面积约35.31万平方千米，流经5个省份。

青秀湖。位于南宁市中心，是南宁市最大的城市湖泊。湖泊周围有广阔的公园和花园，是市民休闲娱乐的好去处。在湖边漫步或乘船游览青秀湖，可以欣赏到湖光山色，感受自然与城市的融合。

荔浦芦笛湖。位于桂林市荔浦县，是一个以芦笛为主题的湖泊。湖泊周围环境幽静，湖水清澈，湖边有许多芦笛表演和民俗文化活动。游客可以在湖上划船或乘船游览，欣赏湖光山色和芦笛音乐的美妙结合。

总的来说，广西拥有许多重要的河流和湖泊，为游客提供了丰富多样的自然景观。无论是河流的蜿蜒曲折还是湖泊的宁静美丽，都能为游客带来难忘的体验和欣赏的机会。

（3）洞穴景观

广西有许多壮丽的洞穴景观，其中最著名的是桂林的七星岩和芦笛岩。这些洞穴内部布满了奇特的石笋、石柱和石钟乳，形成了令人叹为观止的地下景观。

七星岩。位于桂林市区，是桂林最著名的洞穴景点之一。它由七个洞穴组成，每个洞穴都有不同的主题和景观。洞穴内部布满了奇特的石笋、石柱和石钟乳，形成了壮观的地下景观。游客可以在导游的带领下探索洞穴，欣赏各种奇妙的石钟乳和石柱，感受大自然的神奇魅力。

芦笛岩。位于桂林市郊区，是一个备受游客喜爱的洞穴景点。洞穴内部布满了形状各异的石笋和石柱，给人一种进入了幻境的感觉。洞穴还有一个特色，就是可以听到引人入胜的芦笛音乐。导游会在洞穴中演奏芦笛，为整个洞穴营造神秘而动人的氛围。游客可以在洞穴内欣赏到石钟乳、石柱和芦笛音乐的美妙结合。

除七星岩和芦笛岩外，广西还有许多其他壮丽的洞穴景观，如龙胜的银子岩、阳朔的水晶宫洞、柳州的黄姚古镇洞等。这些洞穴展示了广西喀斯特地貌的奇特之处，给游客带来了难忘的探险和观赏体验。

总的来说，广西拥有许多壮丽的洞穴景观，其中最著名的是桂林的七星岩和芦笛岩。这些洞穴内部布满了奇特的石笋、石柱和石钟乳，形成了令人叹为观止的地下景观。游客可以在导游的带领下探索洞穴，欣赏大自然的神奇魅力。

（4）森林景观

广西以其丰富的森林资源而闻名遐迩，这里不仅拥有多姿多彩的自然景观，还孕育了多个举足轻重的自然保护区，其中，青秀山风景区与十万大山国家级自然保护区尤为引人注目。

青秀山风景区虽非传统定义的国家级自然保护区，却以独特的山水画卷令人流连忘返。其坐落于南宁市郊的青秀山，凭借秀丽的山水风光、茂密的植被以及广阔的户外活动空间，吸引了四面八方的游客。徜徉其间，翠绿的山峦和清澈的溪流让人沉醉于大自然的宁静与和谐之中。这里不仅是都市人寻求心灵慰藉的绿洲，更是亲近自然、享受户外乐趣的绝佳选择。

十万大山国家级自然保护区是广西生态保护的一颗璀璨明珠，其近乎原始的生态系统和惊人的生物多样性，成为了探索自然奥秘、观赏珍稀野生动植物的圣地。在这片辽阔的自然天地里，游客有机会亲眼目睹众多珍稀动植物，感受大自然的宏伟与神秘。同时，还能参与各种生态保护活动，加深对自然生态价值的认识，激发人们对环境保护的责任感。

除了青秀山和十万大山，广西还蕴藏着众多其他令人叹为观止的森林景观，如大明山国家森林公园，其茂密的原始森林、清澈的溪流与瀑布交织成一幅幅生动的自然画卷；再如姑婆山国家森林公园，这里古树参天，云雾缭绕，仿佛步入了一个远离尘嚣的仙境，让人充分领略到森林的深邃与神秘。这些森林宝藏不仅展现了广西丰富的自然资源，也为游客提供了更多亲近自然、探索未知的宝贵机会。

广西的森林景观，以其独特的魅力和深厚的自然底蕴，吸引着无数游客踏上这片神奇的土地。在这里，人们不仅可以放松身心，亲近自然，更能深刻体会到大自然所赋予的无穷奥秘与生命力。

1.3.2　独特的民族文化和民俗风情

广西是一个多民族聚居的地区，拥有丰富多样的民族文化和民俗风情。壮族、瑶族、苗族等民族的文化传统在广西得到了充分的保护和传承，并成为旅游资源的重要组成部分。

游客可以在广西的壮族村寨中感受到浓厚的民族特色，欣赏到传统的歌舞表演和手工艺品制作。此外，广西还有一些著名的民族节日和庆典活动，如壮族的三月三节、瑶族的火把节等，这些活动为游客提供了近距离接触和了解广西民族文化的机会。

1.3.3　悠久的历史和丰富的文化遗产

广西拥有悠久的历史和丰富的文化遗产，为观光旅游提供了独特的资源。例如，广西的南宁市、梧州市是中国历史文化名城之一，拥有许多古老的建筑和遗址，如明代的南宁古城墙和青秀山石窟、梧州长洲古镇等。

南宁古城墙。南宁市的南宁古城墙是重要的历史建筑之一。这座城墙建于东晋，全长约4.9千米，高约10米，由青石砌成。南宁古城墙曾经是南宁古城的重要防御设施，现在仍然保留着部分城墙和城门，成为南宁市的标志性景观之一。

青秀山石窟。位于南宁市的青秀山石窟是广西著名的佛教文化遗产。这座石窟始建于7世纪，历经了多次修复和扩建。青秀山石窟内有许多佛像和壁画，展示了中国佛教艺术的独特风格。石窟周围的青秀山风景区也是游客喜爱的旅游景点之一。

除南宁外，还有梧州长洲古镇。梧州长洲古镇位于梧州市，是广西保存较为完整的古代水上商贸城市。这座古镇始建于宋代，历经了数百年的历史变迁，保留了许多古老的建筑和传统街巷。在长洲古镇，游客可以欣赏到古老的码头、古民居和传统手工艺品等，感受到浓郁的历史氛围。

此外，广西还有一些著名的历史文化名胜，如百色革命纪念馆、柳州的柳侯祠和柳州大石围山等。这些历史和文化遗产展示了广西丰富的历史底蕴，为游客提供了解中国历史文化的机会。

1.3.4 便捷的交通和完善的旅游设施

广西作为一个重要的旅游目的地，拥有便捷的交通和完善的旅游设施，为游客提供了便利和舒适的旅游体验。

（1）交通便捷

广西拥有多个机场，其中最大的机场是南宁吴圩国际机场。作为广西的航空枢纽，南宁吴圩国际机场连接了国内外的主要城市，包括北京、上海、广州、中国香港、泰国曼谷等。游客可以通过直飞航班抵达南宁，然后前往广西其他地区或者转机前往其他目的地。

除南宁吴圩国际机场外，广西还有另一个重要的机场，即桂林两江国际机场。该机场位于桂林市，也是广西的重要航空枢纽之一。桂林两江国际机场提供国内外航班，方便游客直接抵达桂林及周边地区。

桂林两江国际机场的位置优越，距离桂林市中心仅约30千米，交通便利。从这里，游客可以前往桂林市内著名的景点如漓江、阳朔等，欣赏壮丽的山水风光。此外，桂林两江国际机场也是前往广西其他城市和旅游景点的重要起点，方便游客继续他们的旅行。

南宁吴圩国际机场和桂林两江国际机场，作为广西的主要航空枢纽，使广西的旅游更加便利和畅通。游客可以通过直飞航班到达广西，并尽情探索广西丰富多彩的自然景观和独特的文化魅力。

广西拥有发达的公路网络，包括许多高速公路和一级公路，贯穿全境。南宁作为广西的交通枢纽，有多条高速公路从南宁通往其他城市，如南宁至桂林、南宁至北海等。这些高速公路连接了广西的主要城市，方便游客在广西境内快速出行。

从南宁出发，前往桂林的高速公路是南宁至桂林高速公路（G72），全长约280千米。这条高速公路沿途风景秀丽，可以欣赏到广西壮族自治区特有的山水美景。

另一条重要的高速公路是南宁至北海高速公路（G15），全长约120千米。这条高速公路连接了广西的两个重要城市——南宁和北海。北海是广西著名的海滨城市，拥有美丽的海滩和迷人的海景，是众多游客前往广西旅行的热门目的地之一。

此外，广西还与邻近省份通过高速公路相连，方便游客前往其他地区。比如，南宁至贵港高速公路（G80）连接了广西与贵州的贵阳市，南宁至柳州高速公路（G72）连接了广西与湖南的长沙市。这些高速公路使游客可以更便捷地前往广西以外的目的地。

广西的发达公路网络为游客提供了便利的交通条件，使他们能够更轻松地游览广西的各个地区。游客可以根据自己的行程和兴趣，选择合适的交通方式，畅游广西的自然景观和丰富文化。

除公路网络外，铁路也是广西的重要交通方式。广西拥有多条铁路线路，连接了南宁、桂林、北海等主要城市。特别是南宁至北海的高速铁路，为广西的交通发展带来了巨大的变化。

南宁至北海高速铁路全长约123千米，是广西铁路网中的重要组成部分。这条铁路于2013年建成通车，它将广西的两个重要城市南宁和北海紧密连接在一起，大大缩短了两地之间的交通时间。乘坐高速铁路，游客可以在短短一小时内从南宁抵达北海，便捷地探索北海的美丽海滩和海洋文化。

除南宁至北海高速铁路外，广西还有其他重要的铁路线路。南宁至桂林的铁路连接了广西两个重要的旅游城市，方便游客在两地之间快速出行。此外，广西还与邻近的湖南、贵州等省份通过铁路相连,进一步方便了游客前往其他地区。

游客可以选择乘坐火车,体验旅行的舒适与便捷,同时欣赏广西壮美的自然风光。广西铁路的不断完善和发展,为游客提供了更多选择,使他们能够更便捷地探索广西的魅力。

除机场、公路和铁路外,广西还拥有发达的水路交通网络。广西地处南部沿海地区,拥有众多河流和水道,如漓江、柳江等。这些水路为游客提供了一种独特的交通方式,让他们可以在水上欣赏广西的美景。

漓江是广西著名的风景名胜区之一,也是世界闻名的旅游胜地。游客可以选择乘坐游船在漓江上畅游,欣赏壮丽的喀斯特地貌和迷人的自然风光。游船沿着漓江缓缓行驶,游客可以近距离欣赏沿岸的奇峰怪石、清澈的水面和青山绿水的景色,尽情感受广西的独特魅力。

柳江是广西的重要支流,流经柳州市,其河道幽静、水质清澈。游客可以选择乘坐游船在柳江上漫游,欣赏柳州的城市景观和优美的自然风光。在船上,游客可以感受到柳江的宁静和舒适,同时能欣赏到沿岸的美景。

水路交通不仅为游客提供了一种独特的旅行体验,还能让他们更贴近自然,感受广西的水乡风情。乘船游览广西的河流,可以欣赏到壮美的自然景观,感受到广西独特的文化和历史底蕴。无论是在漓江还是在其他水域,游客都能够享受到舒适、安全的水上旅行,留下难忘的回忆。

综上所述,广西拥有多个机场、发达的公路和铁路网络,以及丰富的水路交通。游客可以选择适合自己的交通工具前往广西各个旅游景点。

(2)酒店和住宿设施

广西拥有各类酒店、度假村和民宿等,可以满足不同游客的需求。无论是豪华酒店还是经济型酒店,游客都可以选择适合自己预算和喜好的住宿地点。同时,一些景区周边也建有度假村和民宿,提供更加亲近自然的住宿体验。以下是广西常见的酒店和住宿选项的详细介绍。

豪华酒店。广西的主要城市和旅游景点都设有豪华酒店，为游客提供高品质的住宿体验。这些豪华酒店以其宽敞豪华的客房和一流的服务而闻名，让游客能够在旅途中享受到舒适和奢华。

这些豪华酒店的客房设计精美，装饰豪华，提供宽敞的空间供客人休息和放松。客房内配备了现代化的设施，如平板电视、迷你冰箱、免费Wi-Fi等，以满足客人的各种需求。床品舒适柔软，为客人提供良好的睡眠体验。

此外，豪华酒店还设有多个餐厅，提供各种美食选择，从当地特色菜肴到国际美食应有尽有。无论是商务宴请还是休闲用餐，游客都能够在这里品尝到美味佳肴。此外，酒店内还设有休闲设施，如健身房、游泳池、SPA中心等，让客人可以尽情放松身心，享受健康和休闲。

这些豪华酒店的员工经过专业培训，能提供周到细致的服务。无论是接待、行李搬运还是客房服务，酒店员工都以友善和热情的态度为客人提供帮助。他们致力于为客人提供一种舒适、愉快和难忘的住宿体验。

广西的豪华酒店不仅提供高品质的住宿体验，还能让游客感受到地方文化和独特魅力。无论是商务旅行还是休闲度假，这些豪华酒店都能满足客人的需求，为他们营造一个奢华、舒适的住宿环境。

经济型酒店。广西有许多经济型酒店，价格相对较低，非常适合预算有限的游客。这些酒店提供简洁而舒适的客房，基本设施完备，包括舒适的床铺、私人卫浴、电视、空调等。虽然与豪华酒店相比，经济型酒店的设施可能不那么齐全，但它们仍能够满足游客的基本住宿需求。

经济型酒店通常提供干净整洁的客房，虽然面积可能较小，但布置得简单而舒适。客房内的床铺能为客人提供良好的睡眠条件，私人卫浴设施方便游客洗漱。此外，酒店还配备了电视、空调等基本设施，为游客提供便利。

尽管经济型酒店的价格较低，但它们仍注重为客人提供良好的服务。酒店员工友善热情，乐于提供帮助和解答客人的问题。虽然没有豪华酒店的高级设施和服务，但经济型酒店仍致力于为客人提供舒适和愉快的住宿体验。

对于预算有限的游客来说，选择经济型酒店是一个明智的选择。它们提供了基本的住宿需求，价格实惠，让游客能够在旅途中省钱并享受到舒适的住宿。无论是短期停留还是长期旅行，经济型酒店都是一个经济实惠而合适的选择。

度假村和度假酒店。广西的一些景区周边建有度假村和度假酒店，为游客提供更加亲近自然和休闲度假的住宿体验。这些度假村和度假酒店通常环境优美，被自然风景环绕，为游客创造了宁静和放松的环境。

度假村和度假酒店位于广西的自然景观中，如山区、湖泊、海滩等。这些地理位置使游客能够在住宿期间亲近大自然，享受到自然风光的美丽。无论是山间的度假村还是海滨的度假酒店，都能让游客感受到与自然和谐相处的愉悦。

在设施方面，度假村和度假酒店通常配备多个餐厅，提供各种美食选择，包括当地特色菜肴和国际美食。游客可以品尝到新鲜美味的食物，满足他们的味蕾需求。此外，度假村和度假酒店通常设有泳池、水上运动设施、SPA中心等休闲设施，让游客可以尽情享受假期。

度假村和度假酒店的员工通常经过专业培训，提供优质的服务。无论是接待、餐饮还是休闲设施的使用，酒店员工都会以热情友好的态度为游客提供帮助和指导。

无论是追求亲近自然还是享受休闲度假，广西的度假村和度假酒店都能满足游客的需求。它们为游客提供了一个与自然和谐相处、放松身心的住宿环境，让人们能够远离喧嚣的城市生活，享受到宁静和美好的度假时光。

民宿。在广西的一些乡村和自然风景区，游客还有机会选择入住民宿。这些民宿通常是当地居民经营的小型住宿设施，提供简单而温馨的客房。入住民宿不仅可以享受到舒适的住宿环境，还能与当地居民亲近接触，了解当地的文化和生活方式。

民宿通常位于乡村或自然风景区的村庄中，周围环境优美、清幽宜人。客房通常以传统建筑为主，采用当地特色的装饰和布置，让游客感受浓厚的地方特色。民宿的客房虽然简单，但提供基本的设施和舒适的床铺，让游客能够得到良好的休息和睡眠。

民宿的主人通常是当地居民，他们热情友好，乐于与游客交流。游客可以了解当地的文化、传统习俗，甚至参与到一些当地活动中。通过与当地居民的互动，游客可以更深入地了解当地的生活方式和价值观。

民宿通常提供家庭式的服务，让游客感受到家的温暖和舒适。主人会为游客提供热情的接待，帮助他们安排行程、提供旅行建议等。在民宿中，游客可以享受到当地特色的美食，品尝到传统的家常菜肴。这种亲近的氛围和个性化的服务，能让游客感受到家外之家的温暖。

入住民宿不仅可以获得舒适的住宿体验，还能够更好地了解当地文化和生活方式。这种与当地居民的亲近接触，让游客的旅行更加丰富多彩，留下深刻的记忆和体验。对于追求真实、独特旅行体验的游客来说，入住民宿是一个不错的选择。

总的来说，广西拥有多样化的酒店和住宿设施，无论是豪华酒店、经济型酒店、度假村还是民宿，都能满足不同游客的需求和预算。游客可以根据自己的喜好和预算选择合适的住宿地点，享受舒适和便利的住宿。

（3）旅游配套设施

为了提供更好的旅游体验，广西在旅游景点周边建设了一系列配套设施。这包括导览服务，游客可以雇佣导游或参加导览团，了解更多关于景点的历史和文化知识。此外，广西还提供交通接驳服务，方便游客在景区之间移动。餐饮和购物也是旅游景点不可或缺的部分，广西的景区通常设有餐厅、小吃摊和纪念品商店，方便游客品尝当地美食和购买纪念品。

导览服务。导览服务在广西的旅游景点中非常常见，游客可以选择雇佣导游或参加导览团来进行导览。导游会带领游客参观各个景点，并讲解景点的历史、文化背景和故事，以便让游客更加全面地了解景点。

    在导览服务中，导游通常会使用多种语言进行讲解，包括英语、中文和日语等。对于懂日语的游客来说，他们可以选择参加提供日语导游的导览团，或者雇佣会讲日语的私人导游。这样，他们就能够更好地理解和沟通，更好地体验旅游景点的价值和意义。

    通过日语导游的讲解，游客不仅可以了解景点的历史和文化，还可以了解当地的风俗习惯、传统艺术和当地人的生活方式。导游会分享有趣的故事和传统传说，使游客对广西的文化遗产有更深入的了解。

    此外，导览服务还可以帮助游客更好地规划行程，了解各个景点的开放时间、交通方式和最佳参观路线。导游可以根据游客的兴趣和需求，提供个性化的导览服务，使游客的旅行更加顺利和丰富。

    总之，广西的旅游景点提供导览服务，游客可以选择雇佣日语导游或参加提供日语导游的导览团。通过导游的讲解，游客可以更全面地了解景点的历史、文化背景和故事，更好地体验和理解旅游景点的价值和意义。

    在广西的主要旅游城市，如南宁、桂林和阳朔，公共交通系统相对完善。游客可以乘坐巴士或轻轨前往各个景点。这些公共交通工具通常有班次和线路，方便游客根据自己的行程安排出行。此外，公共交通系统还提供了多种票价和优惠方式，使游客的交通费用更加经济实惠。

    除公共交通工具外，广西还提供了专门的接驳车辆，用于游客在景区之间的短途接送。这些接驳车通常由景区管理部门或旅行社提供，定期往返于各个景点之间。游客可以根据自己的需要选择乘坐接驳车，避免自己开车或寻找其他交通工具的麻烦。接驳车还可以提供导览服务，让游客在路途中了解更多关于景点的信息。

    广西旨在为游客提供便利的出行方式，使其能够更加轻松地游览广西的各个景点。无论是选择公共交通工具还是专门的接驳车辆，游客都可以更加自由地探索广西的美景，充分利用宝贵的旅行时间。

    餐饮服务。广西的旅游景点通常设有餐厅，它们提供丰富多样的当地美食和特色菜肴。游客可以在这些餐厅中品尝到正宗的广西菜和地方特色美食，为旅行增添味蕾上的享受。

广西菜以其独特的口味和烹饪技巧而闻名，常常被称为"桂菜"。这种菜系以其清淡爽口、色香味俱佳而受到游客的喜爱。其中，著名的菜肴包括螺蛳粉、桂林米粉、糖油果子、酸辣腰花等。这些菜肴以其独特的风味和口感，能够让游客品尝到正宗的广西美食。

除广西菜外，一些景点还提供自助餐和国际美食，以满足不同游客的口味需求。自助餐通常提供多种菜肴和美食，游客可以根据自己的喜好选择食物。国际美食则汇集了来自世界各地的菜肴，让游客可以品尝更多种类的美食。

此外，在广西的旅游景点周边，还有许多小吃摊位可以供游客品尝。这些小吃摊通常提供各种地方特色小吃，如炒粉、烧烤、豆腐花等。游客可以在漫步景区的同时，品尝这些美味的小吃，体验当地人的日常生活和饮食文化。

总之，广西的旅游景点不仅提供了丰富多样的当地美食和特色菜肴，还满足了不同游客口味的需求。游客可以在这里品尝到正宗的广西菜和地方特色小吃，丰富旅行的味蕾体验。无论是自助餐还是国际美食，都能满足游客对美食的追求和期待。

购物服务。在广西的旅游景点，通常设有纪念品商店和特色商品店，供游客购买各种纪念品和当地特产。这些商店提供了丰富多样的商品选择，包括纪念品、手工艺品、传统工艺品、茶叶、药材等，让游客能够将旅行的回忆带回家或作为礼物送给亲友。

纪念品是旅游景点最常见的商品之一，它们通常以景点的标志性建筑、景观或文化元素为设计灵感。游客可以购买各种纪念品，如明信片、冰箱贴、钥匙扣、T恤等，用来纪念自己在广西的旅行经历。

手工艺品也是广西特色商品店的一大特色。这些手工艺品通常由当地的手艺人用传统的工艺制作而成，展现了广西独特的艺术风格和文化传统。游客可以购买到各种精美的手工艺品，如陶瓷器、木雕、织品、刺绣等，作为装饰品或收藏品。

传统工艺品也是广西特色商品店的一个亮点。这些工艺品代表了广西悠久的手工艺传统，如银饰、漆器、竹编等。游客可以通过购买这些传统工艺品，感受到广西深厚的文化底蕴和工艺技艺。

此外，广西也以茶叶和药材而闻名。在特色商品店中，游客可以购买到各种优质的茶叶，如龙涎香、铁观音等，以及草药和中药材，如桂花、五味子等。这些茶叶和药材是广西独特的农产品，游客可以将其带回家享受或赠送给亲友。

总而言之，广西的旅游景点提供丰富多样的纪念品和当地特产。无论是纪念品、手工艺品、传统工艺品、茶叶还是药材，都能让游客带回一份特别的回忆或独特的礼物。这些商品也是广西文化和旅行经历的有趣体现。

总的来说，广西在旅游景点周边提供导览服务、交通接驳服务、餐饮服务和购物服务等旅游配套设施，为游客提供更好的旅游体验。这些设施可以帮助游客更好地了解景点的历史和文化，方便游客在景区之间移动，品尝当地美食和购买纪念品。游客可以根据自己的需求和兴趣利用这些配套设施，享受丰富多彩的旅行。

综上所述，广西作为观光目的地具备丰富多样的自然景观、独特的民族文化和悠久的历史底蕴。游客可以在广西欣赏到壮族、瑶族、苗族等多个民族的风情和传统文化，体验到多元化的文化氛围。

广西的交通便捷，不仅有完善的公路和铁路网络，还拥有多个机场，方便游客从国内外各地前往。同时，广西的旅游设施也十分完善，包括各类酒店、度假村、民宿等供游客选择，导览服务、交通接驳服务、餐饮服务和购物服务等也为游客提供了便利和舒适的旅游体验。

随着中日旅游交流的增多，广西作为观光目的地的潜力和优势将得到更充分的发挥。广西拥有丰富的自然资源，如桂林的漓江风光、阳朔的奇峰异石、北海的银滩等，这些景观吸引了越来越多的日本游客。同时，广西还积极开展文化交流活动，推广广西的民族文化和传统艺术，增进中日两国人民的友谊。

随着广西旅游业的进一步繁荣发展，政府和相关机构将加大对旅游业的支持和投资，提升旅游基础设施和服务质量，吸引更多的游客前来广西旅游观光。同时，广西也将加强与日本旅游业界的合作，共同推动中日旅游交流的深入发展，实现互利共赢的局面。

本章主要介绍了广西作为观光目的地的概况与发展情况。首先，对广西的地理与文化背景进行了描述，强调了广西作为中国的一个地区，拥有丰富多样的自然景观、独特的民族文化和悠久的历史底蕴。其次，详细阐述了广西旅游业的发展历程和现状，包括政府投资基础设施建设、与其他地区的旅游合作等方面。最后，重点突出了广西作为观光目的地的潜力和优势，包括自然景观的丰富多样性、独特的民族文化和民俗风情、丰富的历史和文化遗产以及便捷的交通和完善的旅游设施。总之，广西作为观光目的地具备了吸引游客的独特优势，有望进一步推动其旅游业的繁荣发展。

第二章
日语导游在广西旅游中的应用

第二章 日语导游在广西旅游中的应用

2.1 日语导游的定义

日语导游是指能够流利运用日语进行讲解和沟通的专业导游人员。他们通过掌握丰富的旅游知识和流利的日语表达能力，为来自日本以及其他会讲日语的游客提供全面的旅游服务。日语导游不仅要具备良好的语言能力，还要对广西的地理、历史、文化等方面有深入的了解，以便能够向游客提供准确、详细和有趣的导览服务。

作为专业的日语导游，他们需要具备以下几个方面的能力和素质。

流利的日语能力。日语导游必须具备流利的日语口语表达能力，能够与日本游客进行流畅的沟通和交流。他们需要掌握日语的词汇、语法和表达习惯，以便能够清晰地向游客传达信息，回答问题，并提供帮助和建议。

丰富的旅游知识。日语导游需要对广西的地理、历史、文化等方面有深入的了解。他们需要熟悉广西的名胜古迹、自然景观、民俗风情等旅游资源需要了解广西的历史沿革、文化传统、特色美食等方面的知识，以便能够为游客提供全面的旅游服务。

沟通和解决问题的能力。日语导游需要具备良好的沟通和解决问题的能力。他们要善于与游客进行交流，倾听游客的需求和意见，并及时解答和消除游客的问题和疑虑。在旅游过程中，可能会遇到一些突发情况或问题，日语导游需要迅速反应并妥善处理，确保游客的安全和舒适。

服务意识和责任心。日语导游需要具备良好的服务意识和责任心。他们要以游客的需求为导向，积极、主动地为游客提供帮助和服务。他们要友好、耐心地对待每一位游客，并尽力满足他们的需求和期望。同时，日语导游还要保护旅游资源，遵守相关法规和规定，维护旅游秩序，促进旅游的可持续发展。

日语导游在广西旅游中的应用不仅能够满足来自日本以及其他会讲日语的

游客的需求，还能促进中日两国之间的文化交流和合作。他们作为旅游业的重要一环，通过专业的导览服务，向游客介绍广西的地理、历史、文化等方面的知识，帮助游客更好地了解和体验广西的魅力。同时，日语导游还扮演着文化使者的角色，通过与日本游客的互动和交流，促进中日两国人民之间的相互了解和友谊。因此，日语导游在广西旅游中的应用具有重要的意义和价值。

2.2　日语导游的作用

日语导游在广西旅游中发挥着重要的作用。首先，他们能够帮助来自日本或会讲日语的游客克服语言障碍，顺利沟通和交流。这样一来，游客能够更好地理解和体验广西的自然风光、民族文化和历史底蕴，提升旅游体验的质量。

其次，日语导游能够为游客提供专业的导览服务。他们通过深入学习和研究广西的旅游资源，熟悉各个景点的历史、特色和故事，能够向游客提供准确、详细和生动的讲解。通过导游的介绍，游客可以更好地了解广西的风土人情、自然景观和文化遗产，增加对广西的认知和兴趣。

再次，日语导游还能够为游客提供相关的旅游信息和建议。他们可以向游客介绍广西的旅游线路、交通方式、餐饮等实用信息，帮助游客合理安排行程，节约时间和费用。同时，导游还可以根据游客的需求和兴趣，推荐适合的旅游活动，提供个性化的旅游建议，让游客得到满意的旅行体验。

最后，日语导游在旅游过程中起到了连接游客与当地文化的桥梁作用。他们能够向游客介绍广西的民族文化、传统习俗和民间艺术，让游客亲身参与其中，感受广西独特的文化魅力。通过与导游的互动，游客不仅可以获得知识和信息，还能够深入了解当地人的生活方式和价值观，增进跨文化的理解和交流。

综上所述，日语导游在广西旅游中扮演着重要的角色。他们通过语言能力和专业知识，为游客提供全面的导览服务，帮助游客克服语言障碍，增加对广西的了解和兴趣，提升旅游体验的质量。同时，他们还能够为游客提供实用的旅游信息和建议，连接游客与当地文化，促进跨文化的交流和理解。

2.3　日语导游在广西旅游中的需求和市场

随着中日友好交流的不断深入，来自日本的游客对广西旅游的兴趣逐渐增加。同时，随着中国与日本之间经贸往来的加强，来广西进行商务活动的日本人也逐渐增多。这些因素使对日语导游的需求在广西旅游市场上不断增加。

首先，来自日本的游客通常希望在旅行过程中能够用自己熟悉的日语进行沟通。由于语言障碍可能会影响他们的旅行体验，因此雇佣一名能够流利讲解和沟通的日语导游成为他们的首选。这种需求促使旅行社和旅游机构积极招募和培养具备日语能力的导游，以满足日本游客的需求。

其次，随着中国与日本之间经贸合作的加强，越来越多的日本商务人士来到广西进行商务考察活动。这些商务人士通常需要在行程中了解广西的文化、风俗习惯和商务礼仪等方面的信息。一位懂日语的导游可以为他们提供专业的导览服务，帮助他们更好地了解广西的商务环境和机会。

最后，广西作为一个拥有丰富自然风光和多样民族文化的地区，吸引了许多对自然景观和民族文化感兴趣的日本游客。这些游客通常期望能够深入了解广西的独特之处，并与当地人进行交流。一位懂日语的导游可以成为他们与当地文化交流的桥梁，帮助他们更好地体验广西的风土人情。

对于广西旅游市场而言，提供日语导游服务是满足不同类型游客需求的重要一环。旅行社、旅游机构以及相关企业应加大对日语导游的培训和招募力度，以满足日本游客和商务人士的需求，并提升广西旅游的国际化水平。同时，通过提供专业的日语导游服务，可以进一步促进中日两国之间的文化交流和经贸合作。

2.4　广西旅游景点的日语导游服务现状和问题

2.4.1　广西旅游景点的日语导游服务现状

广西是中国一个多样化的旅游目的地，吸引着来自日本的众多游客。为了提供更好的旅游体验，广西旅游景点开始提供日语导游服务。然而，目前广西地区的日语导游资源相对有限。尽管有一些经过培训的日语导游，但数量仍不足以满足日本游客的需求。日语导游资源有限的原因主要有以下几个方面。

① 语言能力要求高。成为一名合格的日语导游需要具备良好的日语口语和写作能力，深入了解广西旅游景点的文化、历史和地理知识。这需要投入大量的时间和精力来学习和培养，限制了能够胜任此岗位的人数。

首先，日语导游需要具备流利的口语能力。他们需要能够自如地与游客进行对话和解释，并用清晰、准确的语言向游客介绍景点的信息、历史背景、文化传统等内容。为了达到这个水平，日语导游需要通过大量的口语练习和实践来提高自己的口语表达能力。

其次，日语导游还需要具备良好的写作能力。他们可能需要撰写行程安排、景点介绍、旅游宣传材料等。因此，他们需要具备良好的写作技巧和语言表达能力，以便能够用准确、生动的文字向游客传达信息。

除语言能力外，日语导游还需要深入了解广西旅游景点的文化、历史和地理知识。他们需要了解景点的背后故事、重要事件，以及相关的文化传统。这种专业知识的学习需要广泛阅读和研究，以便能够向游客提供丰富的解说和解释。

最后，日语导游还需要具备良好的景点讲解技巧。他们需要掌握如何生动地向游客介绍景点、如何引起游客的兴趣和参与，以及如何回答游客的问题和解决问题等的技巧。这种技巧的培养需要通过实践和经验的积累来提高。

②缺乏专业培训和认证机构。相比于一些大城市，广西地区可能缺乏专业的日语导游培训机构和认证机构。这种情况给日语导游人才的培养和选拔带来一定的困难。

一方面，缺乏专业的日语导游培训机构意味着学习者在广西地区可能难以找到系统的培训课程。通常，专业的培训机构能够提供针对不同级别和需求的培训课程，包括口语练习、文化知识学习、景点讲解技巧等方面的内容。然而，在广西地区，由于缺乏这样的机构，有意向成为日语导游的人可能需要通过其他途径来获取相关的培训资源，如自学、参加短期培训班等。

另一方面，缺乏认证机构也使日语导游人才的选拔和评估过程变得困难。在一些大城市，通常会有相关的认证机构负责对导游进行考核和认证，以确保他们具备必要的语言能力和专业知识。然而，在广西地区，缺乏这样的机构意味着缺乏一个统一的标准和程序来评估日语导游的能力和资质。这给旅游企业和游客选择合适的日语导游带来了一定的困扰，也使日语导游人才的选拔和认可过程相对困难。

③人才流失问题。由于日语导游的职业发展空间相对有限，一些具有优秀日语能力的人才可能会选择其他更有吸引力和稳定性的工作机会，从而导致日语导游人才的流失。

首先，日语导游的职业发展空间相对有限。在广西地区，由于旅游业的发展水平和规模相对较低，与之相匹配的日语导游岗位数量也相对有限。这意味着在该领域工作的机会相对较少，竞争压力较大。对于一些具有优秀日语能力的人才来说，他们可能会选择其他更具发展前景和机会的行业，以追求更好的职业发展。

其次，日语导游工作的不稳定性也可能成为人才流失的原因之一。旅游业的季节性和受外部因素的影响较大，导致日语导游工作的稳定性相对较低。在旅游淡季或经济不景气时期，日语导游可能面临较少的工作机会，甚至可能面临失业的风险。这种不稳定性可能会让一些有抱负的人才望而却步，转向其他更稳定的职业。

最后，一些具有优秀日语能力的人才可能会被其他更有吸引力的工作机会吸引。随着全球化的发展和中日交流的加强，日语能力成为一种重要的技能。除日语导游外，这些人才可能还有机会在跨国企业、外贸公司、翻译机构等领域找到更具吸引力和稳定性的职位。这些领域可能提供更好的薪资待遇、职业发展空间和福利待遇，吸引优秀的日语人才离开日语导游行业。

④ 市场竞争压力。在旅游市场激烈竞争的环境下，日语导游可能面临着其他语种导游的竞争压力。对于一些旅游公司来说，可能更倾向于雇佣多语种导游以满足不同语言需求，而不是专门招聘日语导游。

首先，随着旅游业的快速发展和全球化的推进，各国之间的旅游交流日益频繁。这导致了不同语种导游的需求增加。为了满足不同国家和地区游客的需求，旅游公司倾向于雇佣多语种导游，以提供更全面的语言服务。相比之下，日语导游的岗位数量可能相对较少，导致日语导游在市场上面临较大的竞争压力。

其次，由于一些旅游公司经营范围涵盖多个国家和地区，它们更倾向于招聘掌握多种语言的导游。这样可以提高导游的灵活性和适应性，满足不同游客的需求。与此同时，日语导游在这种情况下可能被视为专注于特定市场的人才，因此在竞争中可能面临一定的劣势。

最后，一些旅游公司可能更注重导游的综合素质和技能，而不仅仅是语言能力。它们可能更倾向于招聘具有全面知识、良好沟通能力和团队合作精神的导游，而不仅仅关注日语能力，这也导致了日语导游的竞争压力增加。

2.4.2 广西旅游景点的日语导游服务问题

（1）日语导游的专业水平和服务质量差异

尽管广西地区有一些经过培训的日语导游，但由于培训标准和质量的不一致，导游的专业水平和服务质量存在差异。一些导游可能在语言表达能力、专业知识和服务态度方面表现出色，能够为游客提供良好的导游体验。例如，某位经验丰富的日语导游对广西的历史、文化和风土人情了如指掌，能够以生动有趣的方式向日本游客介绍景点背后的故事，并及时解答他们的疑问，从而让游客对旅行充满了期待和兴奋。

然而，也有一些导游在这些方面还需要进一步提升，这可能会影响游客对日语导游服务的满意度和体验质量。例如，另一位日语导游可能在沟通能力和专业知识上有所欠缺，无法有效传达相关信息，或者对日本游客的文化习惯了解不够，导致沟通障碍和理解偏差，从而影响游客的旅行体验。这种差异表明，提高日语导游的专业水平和服务质量是广西旅行社需要重点关注和加强的方面。

（2）跨文化交流和理解方面的挑战

日本游客与中国的文化和习俗之间存在一定的差异，这可能导致沟通和理解的障碍。例如，在广西旅游期间，日本游客可能对中国传统的饮食习惯、礼仪规范或宗教信仰产生困惑或误解。在这种情况下，日语导游需要具备足够的跨文化交流能力和文化背景知识，以便更好地解释和介绍中国的文化特色和历史背景。

在实际操作中，导游需要灵活运用跨文化交流技巧，确保游客能够充分理解和体验广西旅游景点的独特之处。举例来说，当日本游客参观广西的传统村落或民俗文化展示时，导游需要以日本游客熟悉的文化元素为切入点，通过比较、类比或故事讲解等方式，使日本游客更容易理解并接受新的文化体验。同时，导游还需关注游客的反馈和体验，及时调整讲解方式和内容，以提升他们对广西文化的认知和欣赏。

跨文化交流和理解方面的挑战需要日语导游具备相应的专业能力和敏感度，以确保日本游客在广西旅游期间能够得到愉快和有意义的文化交流体验。

（3）解决问题的建议

为了解决当前广西旅游景点的日语导游服务现状面临的问题，以下是一些建议：

首先，广西旅游部门可以加大对日语导游的培训力度，提高导游的语言能力、专业知识和服务素质。可以通过与专业培训机构合作，制定统一的培训标准和课程，确保日语导游具备必要的技能和知识。

其次，可以引进更多的日语导游资源，包括通过招聘、培养和外聘等方式，增加日语导游的数量。同时，也可以与其他地区或国家的旅游从业者进行合作，共享导游资源，满足日本游客的需求。

最后，跨文化交流和理解方面的挑战需要得到重视。广西旅游部门可以开展跨文化培训，帮助导游更好地理解和适应不同文化背景的游客需求。此外，还可以加强与日本旅游从业者的交流合作，学习借鉴其成功经验，提升广西地区的日语导游服务水平。

总的来说，广西旅游景点的日语导游服务现状存在资源有限和服务质量差异的问题。通过加强导游资源培训、提高服务质量和跨文化交流能力，可以改进日语导游服务，并提升广西旅游的吸引力和竞争力。

第三章

日语导游的基本素质

3.1 反对本本主义，提倡创新精神

毛主席曾谈及《反对本本主义》，该思想内涵丰富，各行各业都应加强学习。日语导游应灵活应对具体事情，要有创新精神，反对本本主义。创新精神是指在工作中灵活应对具体事情，寻找新的方法和创意，以提供更好的服务和体验。与之相对的本本主义则强调严格遵循既定的规则和程序，缺乏灵活性和创造力。

在导游工作中，创新精神是非常重要的。

首先，旅游行业是一个竞争激烈的行业，吸引游客的关键在于提供与众不同的旅游体验。创新的导游可以通过设计新颖的行程安排、结合当地特色文化和传统艺术等方式，为游客带来独特的旅行体验，从而脱颖而出。

其次，旅游行业是一个不断变化的行业，新的旅游景点、新的旅游产品和服务不断涌现。只有具备创新精神的导游，才能及时了解并应对这些变化，为游客提供最新、最有吸引力的旅游内容。

最后，创新精神还可以提高导游的专业水平和服务质量。通过学习新知识、掌握新技能，导游可以提供更丰富、更专业的解说和讲解，为游客提供更深入的了解和体验。

然而，创新并不意味着放弃传统和规范。导游仍然需要遵守相关的法律法规和行业标准，确保安全和质量。创新应该是在合理范围内进行的，既满足游客的需求，又符合行业的规范和要求。

以下是目前较新的一些方式方法：

设计独特的行程安排。日语导游可以通过设计独特的行程安排，将游客带到一些非常规的景点或活动中，如参观当地传统手工艺品工坊、参加当地民俗活动等，让游客体验到与众不同的文化和传统。

结合当地特色文化和传统艺术。日语导游可以结合当地的特色文化和传统艺术，为游客提供丰富多样的体验。例如，可以组织游客参观庆祝节日的庙会活动，观赏当地的民族舞蹈表演，或参与传统手工艺品的制作等。

利用新技术。日语导游可以利用虚拟现实技术为游客提供更生动的旅游体验。例如，在游览广西的山水风景时，导游可以提供VR眼镜，让游客身临其境地欣赏美景，并通过虚拟导览解说景点的历史和文化背景。这种方式不仅可以增强游客的参与感，还可以深入了解景点的故事和背景。日语导游可以开发专门的手机应用程序，提供实时翻译和解说服务。游客可以通过手机应用程序获取景点信息、导览解说以及当地文化背景等。这样的应用程序可以提供便捷的导游服务，使游客在旅行过程中更方便地了解和探索广西的各个景点。

社交媒体平台。日语导游可以利用社交媒体平台与游客进行互动，分享旅游资讯、推荐当地美食和购物景点等。通过与游客的在线互动，导游可以更好地了解游客的需求和喜好，提供更个性化的服务。此外，导游还可以通过社交媒体平台与游客分享旅行中的照片和回忆，增加互动和参与感。

学习新知识和技能。日语导游可以持续学习新的知识和技能，如学习新的历史事件和文化背景知识，学习新的讲解技巧和交流技巧，以提高自身的专业水平和服务质量。

开展主题旅游。日语导游可以根据游客的兴趣和需求，设计特定主题的旅游行程。例如，对于摄影爱好者，日语导游可以设计专门的摄影主题旅游行程，满足他们对于拍摄独特风景照片的需求。导游可以提前了解游客的摄影水平和器材情况，并根据他们的兴趣和需求，选择适合拍摄的景点和时间。导游可以带领游客前往广西的风景名胜地，如桂林的漓江、阳朔的月亮山等，这些地方以其壮丽的自然风光而闻名。导游可以根据光线和天气条件，指导游客如何拍摄出最佳效果的风景照片。导游可以分享一些摄影技巧，如构图、使用滤镜、调整曝光等，帮助游客拍摄出满意的照片。此外，导游还可以提供相关的背景知识，介绍当地的传统文化和历史故事，以增加游客对所拍摄景点的理解和欣赏。他们可以讲解景点的历史、地理和文化背景，使游客能够更好地捕捉到景点的独特之处。通过开展摄影主题旅游，广西旅游日语导游可以满足摄影爱好者对于拍摄独特风景照片的需求。导游可以提供专业的指导和知识，帮助游客拍摄出令人印象深刻的照片，并增加他们对广西风景和文化的认知。这样的主题旅游行程可以吸引更多的日本游客前来体验，并为广西旅游业带来更多的发展机会。

引入互动元素。为了增强游客的参与感和互动性，日语导游可以引入一些互动元素，如导游可以组织小型的文化体验活动，让游客参与其中，深入体验广西的文化和传统。例如，导游可以组织传统茶艺表演，让游客学习如何泡茶、品茶，并了解广西的茶文化。导游可以向游客介绍不同种类的茶叶、茶具的使用方法，还可以分享一些关于茶叶的历史和传说故事。此外，导游还可以举办传统手工艺品的制作工作坊，让游客亲自参与制作过程，体验当地的手工艺传统。例如，导游可以带领游客学习制作竹编、蜡染等传统手工艺品，让他们制作出自己的作品。在制作的过程中，导游可以向游客介绍手工艺品的历史和技巧，并分享一些有趣的故事和传统知识。游客可以通过参与文化体验活动和手工艺品制作工作坊，深入了解广西的文化和传统，亲身体验当地的生活方式。这样的互动体验不仅可以丰富游客的旅游经历，还可以加深他们对广西文化的理解和兴趣。同时，这也能为广西旅游业带来更多的发展机会和增加吸引力。

提供定制化服务。对于家庭游客，日语导游可以设计适合家庭成员的行程和活动。导游可以推荐一些适合家庭出游的景点，如广西的主题公园、动物园和水上乐园等。导游可以帮助安排家庭友好的活动，如儿童游乐设施、亲子体验项目等。他们还可以提供一些有趣的互动环节，如游戏、小挑战等，让家庭成员之间更好地互动和沟通。对于情侣游客，日语导游可以设计浪漫而难忘的行程。导游可以推荐一些适合情侣约会的景点，如浪漫的河岸、风景优美的花园等。导游可以安排一些浪漫的活动，如夜游漓江、赏月山等，让情侣共同度过浪漫的时刻。导游还可以提供一些浪漫的建议和服务，如预订特别的晚餐、安排私人独木舟之旅等，让情侣留下美好的回忆。对于商务旅行者，日语导游可以根据他们的需求和时间安排灵活的行程。导游可以帮助预订商务会议场地、安排商务活动，并提供翻译和协助等服务。导游可以推荐一些适合商务旅行者参观的景点，如当地的企业展示中心、工业园区等，以增加他们对广西商业环境和发展的了解。通过定制化服务，广西旅游日语导游可以满足不同游客群体的需求和喜好，提供更贴心和满意的导游体验。无论是家庭、情侣还是商务旅行者，导游都可以根据他们的需求和兴趣，为他们设计专属的行程和活动，让他们在广西度过一段难忘的旅程。这样的个性化服务将增强游客的满意度，提高广西旅游业的竞争力。

综上所述，日语导游应有创新精神，反对本本主义。创新可以帮助导游提供与众不同的旅游体验，适应行业的变化，提高专业水平和服务质量。然而，创新应在合理范围内进行，遵守相关的法律法规和行业标准。通过创新，日语导游可以为游客带来更好的旅游体验，推动旅游行业的发展。

3.2　日语导游的基本知识

作为一名优秀的日语导游，需要掌握以下基本知识。

3.2.1　旅游目的地的相关知识

导游需要了解广西旅游景点的历史、文化、地理、自然环境以及相关的传统和习俗等。这样可以为游客提供准确、全面的解说和介绍，使他们更好地了解和体验广西的独特之处。

（1）历史知识

导游需要了解广西各个旅游景点的历史背景和沿革。这包括了解景点的建立时间、历史事件和人物等。例如，对于象山石刻、南宁博物馆等景点，导游需要了解其历史渊源、文化意义和展示内容。

象山石刻。象山石刻位于南宁市西南部的象山公园内，是中国最大的岩石造像艺术群。这些石刻作品始建于唐代，历经宋、元、明、清等朝代的增补和维修。导游可以介绍石刻的历史背景，如唐代的佛教文化和壮族文化的融合，以及石刻上所刻的佛教故事和壮族神话传说。

南宁博物馆。南宁博物馆是广西最大的综合性博物馆，收藏了丰富的文物和艺术品。导游可以介绍该博物馆的历史，例如，它建立于1957年，是广西首家博物馆，展示了广西地区的历史、文化和自然遗产。导游还可以介绍博物馆的主要馆藏，如广西青铜器、陶瓷、书画等，让游客了解广西的艺术和文化传统。

桂林漓江。桂林漓江是中国著名的风景名胜区，有着悠久的历史和文化底蕴。导游可以介绍漓江的历史渊源，漓江自古以来就是中国文人墨客的创作灵感之地，许多古代文人留下了关于漓江美景的诗词和画作。导游还可以介绍漓江的地理特点，如独特的喀斯特地貌、奇峰怪石和清澈的水质，让游客更好地欣赏漓江的美景。

（2）文化知识

导游需要了解广西地区的文化特点和传统习俗。这包括了解广西少数民族的文化传统、民俗风情、艺术表现形式等。例如，导游可以介绍壮族的歌舞、婚俗和服饰，让游客更好地了解广西的多元文化。

壮族歌舞。壮族是广西最大的少数民族，其以丰富多样的歌舞文化而闻名。导游可以介绍壮族的传统歌舞形式，如锣鼓舞、芦笙舞、踩高跷等。这些歌舞表演通常通过动听的音乐、优美的舞姿和精彩的服饰展示壮族人民的生活场景和情感表达。

壮族婚俗。壮族的婚俗是其独特文化的重要组成部分。导游可以向游客介绍壮族的婚礼仪式，如迎亲、过门、拜堂等环节。壮族婚礼通常庄严隆重，伴有丰盛的宴席、喜庆的音乐和舞蹈表演，体现了壮族人民对婚姻和家庭的重视。

壮族服饰。壮族的传统服饰是其文化的重要象征之一。导游可以介绍壮族男女的传统服装，如男子的衣裆、裤子和帽子，女子的上衣、裙子和头饰等。这些服饰通常采用鲜艳的颜色、精致的刺绣和特殊的纹饰，展示了壮族人民对美的追求和独特的审美观。

除壮族外，广西还有其他少数民族，如瑶族、苗族、侗族等，各个民族都有自己独特的文化特点和传统习俗。导游可以根据具体情况介绍不同民族的文化表达形式，如瑶族的祭祀活动、苗族的踩竹筒舞、侗族的木鼓舞等，让游客更好地了解广西的多元文化。

（3）地理知识

导游需要了解广西地理环境和自然特点。这包括了解广西的地形地貌、气候特点、自然资源等。例如，导游可以向游客介绍广西的喀斯特地貌、石林景观、桂林山水等，让游客对广西的自然风光有更深入的了解。

（4）自然环境知识

导游需要了解广西各个旅游景点的生态环境和动植物资源。这包括了解景点的生物多样性、保护措施和生态意义等。例如，导游可以向游客介绍广西的热带雨林、珍稀濒危动植物等，让游客对广西的自然生态有更全面的认识。

（5）相关传统和习俗知识

导游需要了解广西地区的相关传统和习俗知识，以便为游客提供相关的文化解说和服务。这包括了解广西地区的传统节日、民间艺术、宗教信仰等。例如，导游可以向游客介绍广西壮族的三月三、苗族的花山节等传统节日和庆典活动。

3.2.2 日本文化和习俗

作为服务日本游客的导游，需要了解日本人的价值观、礼仪规范、交际方式、日本文化和习俗等，以便更好地与日本游客进行沟通和交流。

（1）日本人的价值观

尊重和谦虚。在日本文化中，尊重他人和保持谦虚是非常重要的价值观。导游应该尊重游客的意见和习俗，避免冒犯或伤害他们的感情。同时，导游也应该展示谦虚的态度，不夸大自己的能力或知识。

社会集体主义。日本文化强调社会集体的利益优先于个人利益。导游在与日本游客交流时，应该考虑整个团队的需求，并努力协调各种意见和偏好，以确保团队的和谐。

准时和效率。日本人非常注重时间和效率。导游应该准时出现在约定的地点，并且合理安排行程，确保游客能够充分利用时间参观景点和体验当地文化。

精益求精。日本人追求完美和高质量的工作和生活。导游应该努力提供准确、详细和有趣的信息，确保游客对广西的了解和体验达到最佳水平。

和谐与传统。日本文化强调和谐和传统价值观。导游可以向日本游客介绍广西的传统文化、习俗和风景名胜，帮助他们更好地理解和欣赏广西的独特之处。

通过了解日本人的价值观，导游可以更好地理解他们对旅行的期望和需求，从而提供更加贴心和专业的服务。通过尊重、谦虚、准时、精益求精和传承传统，导游可以与日本游客建立良好的关系，并为他们提供难忘的广西旅游体验。

（2）礼仪规范

日本人非常注重礼貌和尊重他人。导游应该了解日本的礼仪规范，如鞠躬、用筷子的方式、脱鞋进入室内等。在与日本游客交流时，导游应该注意自己的言行举止，遵守他们的礼仪规范。

鞠躬。鞠躬是日本文化中表达尊敬和感谢的方式。导游应该学习并掌握不同场合下的鞠躬方式，如对于长辈、上级或客人的鞠躬深度和持续时间可能有所不同。在接待日本游客时，适当地使用鞠躬来表达尊重和感激是非常重要的。

用筷子的方式。在日本，用筷子进食是常见的。作为导游，应该了解日本用筷子的基本规则。这包括正确握持筷子、不将筷子直接插入食物中、不用筷子指向他人等。通过正确使用筷子，可以展示对日本文化的尊重，并确保游客在用餐时不会犯错。

脱鞋进入室内。在日本，脱鞋进入室内是一种传统习俗。导游应该了解在哪些场合需要脱鞋，并告知游客相应的规定。在进入日本传统建筑、家庭或某些餐厅时，脱鞋是必要的。此外，还应了解进入室内时的正确姿势，如将鞋子放在指定的位置等。

言行举止。导游在与日本游客交流时，应注意自己的言行举止。尽量使用正式的语言和敬语，避免使用粗俗或冒犯性的词汇。同时，尊重游客的个人空间和隐私，避免过度亲近或询问过于私人的问题。在与游客沟通时，保持微笑和友好的态度也是非常重要的。

总之，作为日语导游，了解和遵守日本的礼仪规范是提供优质服务的基础。通过掌握鞠躬、用筷子的方式、脱鞋进入室内等礼仪规范，并在言行举止中表现出尊重和谦虚的态度，可以为日本游客提供更加舒适和愉快的旅行体验，并展示对他们文化的尊重。

（3）交际方式

日本人有一套独特的交际方式。例如，在日本，人们通常使用敬语来表示对长辈或上级的尊敬。导游应该学习并掌握不同场合下的敬语用法，以提供更专业、周到和个性化的服务。

敬语的使用。在日本社会中，敬语是一种表达尊重和礼貌的方式。对于长辈、上级或客人，使用敬语来称呼和对话是常见的。在与日本游客交流时，使用适当的敬语可以展示导游对他们的尊重，并避免不必要的失礼。

举例来说，在与日本游客交流时，导游可以使用敬语称呼游客，如使用"お客様"（おきゃくさま）来称呼游客，这是一种正式而尊重的方式。同时，导游还可以使用敬语来表达对游客的尊重，如使用"です・ます"的敬语形式来表示动词的谦虚态度。

此外，在介绍广西的景点、历史和文化时，导游可以使用适当的敬语来表达对这些事物的尊重。比如，在介绍广西的古建筑时，可以使用"お堂"（おどう）来称呼寺庙，或使用"お城"（おしろ）来称呼古代城堡。这样的使用可以向游客传达出对广西历史文化的重视和敬意。

在学术研究中，可以进一步探讨不同场合下的敬语使用。比如，在与长辈或上级交流时，导游可以使用更为正式的敬语，如使用"お父さん"（おとうさん）来称呼男性长辈，或使用"ご指導"（ごしどう）来表达对上级的尊敬和敬意。

总之，敬语的使用是为了向日本游客传达尊重和礼貌，并确保导游与游客之间的交流顺畅和愉快。导游应该学习并掌握不同场合下的敬语用法，以提供更专业、周到和个性化的服务。

尊称的使用。在日本，对于长辈或地位高的人，使用尊称是常见的。导游应该了解常用的尊称词汇，并在适当的场合使用。例如，在与长辈或地位高的人交流时，导游可以使用尊称来称呼他们。例如，对于年长的游客，可以使用"さん"作为尊称后缀，如"山田さん"。这种用法能够表达对对方的尊重，并显示出导游对游客的关注和礼貌。另外，在介绍广西的景点、历史和文化时，导游也可以使用适当的尊称来表达对这些事物的尊重。比如，在介绍一位历史上的重要人物时，可以使用"様"（さま）来表示对其的敬意和尊重。

需要注意的是，尊称的使用应根据具体情况和对方的身份来判断。不同年龄、地位和关系的人可能对不同的尊称有不同的偏好。因此，在与日本游客交流时，导游应灵活运用尊称，并尊重游客的个人喜好。

总之，导游应该了解常用的尊称词汇，并在适当的场合使用，以展示对游客的尊重和关注。正确使用尊称可以帮助导游与游客建立良好的交际关系，提升旅行体验。

礼貌语的运用。在日本，使用礼貌语是常见的交际方式。这包括使用礼貌

的词汇和表达方式，以示尊重和谦虚。导游应该了解常用的礼貌语，并在与日本游客的交流中运用。例如，使用"ありがとうございます"表示感谢，使用"お願いします"表示请求，使用"すみません"表示道歉等。通过使用礼貌语，可以展示对日本文化的尊重，并加强与游客之间的良好互动。

避免直接拒绝。在日本社会中，直接拒绝或否定他人的请求是不常见的。导游应该学习如何委婉地回应游客的请求或提问。例如，可以使用"ちょっと難しいですね"（有点困难呢）来暗示困难或限制，而不是直接拒绝。通过委婉的回应，导游可以与游客保持良好的交际关系，避免尴尬或冲突。

作为日语导游，了解和运用适当的交际方式是提供优质服务的重要组成部分。通过学习和掌握敬语的使用、尊称的运用、礼貌语的表达和避免直接拒绝等技巧，导游可以更好地与日本游客交流，并建立良好的互动关系，为他们提供愉快和舒适的旅行体验。

（4）日本文化和习俗

饮食文化。日本的饮食文化非常丰富多样。导游需要了解日本传统的料理方式，如寿司、日式茶道、烧烤等。此外，导游还需要了解一些日本游客的就餐礼仪，如吃饭时不吹口哨、不把筷子插立在碗中等。

节日和庆典。日本有许多独特的节日和庆典活动。导游可以在和游客闲聊时谈谈重要的节日，如樱花节、盂兰盆节、新年等。同时，导游还可以解释这些节日的意义和庆祝方式。

传统艺术。日本有丰富的传统艺术形式，如茶道、歌舞伎、浮世绘等。导游可以在和游客闲聊时谈谈这些艺术形式的历史背景和表演特点，并推荐一些著名的艺术场所供游客参观。

在与日本游客交流时，导游还应该尊重他们的文化差异，并提供准确和客观的信息。通过了解和尊重日本文化和习俗，导游可以更好地为日本游客提供服务，并加深他们对中国文化的理解和认知。

3.2.3 跨文化交流和沟通技巧

导游需要具备良好的跨文化交流和沟通技巧，能够灵活运用不同的语言表达方式和非语言沟通手段，以确保与日本游客的顺畅沟通。此外，导游还需要具备解释和翻译的能力，能够将复杂的信息以简洁明了的方式传达给游客。

多语言能力。作为导游，具备多种语言的能力是必不可少的。除日语外，导游还应该掌握英语或其他国际通用语言，以便与日本游客进行有效的沟通。这样可以确保信息传达的准确性，并让游客感到舒适和放心。

非语言沟通。除语言表达外，导游还应该注意非语言沟通的重要性。这包括肢体语言、面部表情、姿势等。在与日本游客交流时，导游应该注意自己的肢体语言和面部表情，确保与游客之间的交流更加顺畅和友好。

解释和翻译能力。导游需要具备解释和翻译的能力，能够将复杂的信息以简洁明了的方式传达给游客。导游应该善于选择恰当的词汇和表达方式，使游客能够理解并吸收相关的信息。

文化敏感性。导游应该对不同文化之间的差异和敏感性有所了解。他们需要尊重和理解日本游客的文化背景和价值观，并以适当的方式进行交流。避免使用冒犯性的语言或触及敏感话题，以免引起误解或不愉快。

灵活性和适应性。导游需要具备灵活性和适应性，能够根据不同的情况和需求进行调整。有时，导游可能需要改变自己的讲解风格、节奏或策划行程，以满足日本游客的特定需求和偏好。

通过具备良好的跨文化交流和沟通技巧，导游可以与日本游客建立良好的关系，提供优质的服务，并为他们带来难忘的旅行体验。同时，这也有助于促进不同文化之间的相互理解和尊重。

3.2.4 历史和艺术知识

广西拥有悠久的历史和丰富的艺术文化遗产。作为日语导游，了解广西的历史和艺术知识是必要的，以便能够向游客介绍相关的背景和故事。

历史知识。广西是中国南部的一个自治区，拥有悠久的历史。导游应该了解广西的发展历史，包括古代的边疆文化、民族移民、历史事件等。例如，导游可以介绍广西的边疆地位，以及与邻近地区的历史联系。

文化遗产。广西有丰富的艺术和文化遗产，如石窟艺术、壮族民歌、侗族木偶戏等。导游可以向游客介绍这些文化遗产的历史背景和特点，并推荐一些著名的艺术场所供游客参观。

自然景观。广西拥有许多美丽的自然景观，如漓江、象鼻山、龙脊梯田等。导游可以向游客介绍这些景点的地理特点、历史意义和生态环境，使游客更好地了解和欣赏这些景观。

风俗习惯。广西多民族聚居，每个民族都有自己独特的风俗习惯。导游可以向游客介绍广西不同民族的传统习俗，如壮族的苗圩节、侗族的火把节等。这些习俗对于了解广西文化和民族多样性非常重要。

历史名人。广西在历史上涌现了一些杰出的人物，他们的事迹和贡献对广西发展产生了深远的影响。导游可以通过介绍这些历史名人的生平和成就，向游客展示广西的文化底蕴和历史风貌。

一个著名的历史人物是黄道婆，她是广西壮族自治区柳州市的传说人物。黄道婆被认为是一位能够预测天象和治疗疾病的神秘女巫。她的传说在广西广为流传，被视为当地民俗文化的重要组成部分。导游可以向游客讲述黄道婆的故事，并解释她在广西民间信仰和传统医药中的重要地位。

还有一位重要的人物是周敦颐。周敦颐是北宋时期的著名哲学家、文化名人和画家。他以其深刻的思想和卓越的艺术成就而闻名于世。周敦颐主张儒家思想，特别注重内省和修身养性的理念。他在《爱莲说》中表达了对莲花的赞美，并将莲花的清净、纯洁和高尚视为道德修养的象征。他的思想对广西的文化发展产生了积极的影响，推动了当地儒家学术的繁荣和发展。此外，周敦颐还是一位杰出的画家，擅长绘制山水画和花鸟画。他的作品以细腻的笔触、精湛的构图和独特的意境而著称。他的画作不仅展示了广西的自然风光和生态特色，也传递了他对自然之美的深刻感悟。

另一个重要的历史名人是黄兴，他是辛亥革命时期的重要领导人之一。黄兴出生于广西梧州市，他是中国近代民主革命的先驱者和杰出的政治家。他积极参与反清起义和推翻封建专制的斗争，对广西的社会变革和政治发展产生了重要的影响。导游可以向游客介绍黄兴的生平和他对广西的贡献，以展示广西在中国现代历史中的重要地位。

通过介绍这些历史名人的事迹和对广西的影响，导游可以向游客传达广西丰富的历史文化，并引发游客对广西历史发展和文化传承的兴趣。通过了解广西的历史和艺术知识，导游可以为游客提供更加全面和深入的解说，使他们对广西的历史和文化有更深入的了解。这将增加游客对广西旅行的兴趣，并丰富他们的旅行体验。

3.3 日语导游的基本技能

除基本知识外，日语导游还需要具备以下基本技能。

3.3.1 流利的日语口语能力

作为日语导游，流利的口语能力是必需的。导游应该具备良好的发音、语调和语速，以便与日本游客进行有效的交流和解说。

发音准确。导游应该具备准确的日语发音，以便清晰地表达信息并被日本游客理解。正确的发音可以帮助导游更好地传递信息，避免产生误解或困惑。

语调和语速。导游应该了解日语的语调和语速，并能够根据不同的情境和听众的需要进行调整。在解说时，导游应该以适当的语速和语调进行表达，使游客容易理解和跟随。

善于表达。导游应该具备良好的表达能力，能够用准确的词汇和语法结构来传达信息。他们应该能够运用丰富的词汇和句型，以便更加生动地描述景点、历史和文化等内容。

听力理解。导游应该具备良好的听力理解能力，能够理解日本游客的提问和需求，并做出恰当的回应。他们应该能够快速、准确地理解游客的意图，以便给予相应的解答和建议。

交际能力。导游应该具备良好的交际能力，能够与日本游客建立良好的关系并保持积极的沟通。他们应该能够倾听游客的需求和意见，并以友好和专业的态度进行回应。

通过流利的日语口语能力，导游可以与日本游客进行顺畅的交流和解说，提供准确和生动的信息，并为游客提供良好的旅行体验。同时，这也有助于增加游客对广西地区的兴趣和满意度。

3.3.2 解说和讲述能力

导游需要具备良好的解说和讲述能力，能够将景点的历史、文化和特色用清晰、生动的语言表达出来。导游应该能够吸引游客的注意力，让他们对所参观的景点产生兴趣。

3.3.3 导览技巧和组织能力

导游需要具备良好的导览技巧和组织能力，能够合理安排游览路线和时间，并确保游客在旅游过程中的安全和舒适。

路线规划。导游应该熟悉广西的旅游景点和地理环境，并能够根据游客的需求和时间限制制定合理的游览路线。他们应该考虑景点之间的距离、交通状况以及游客的兴趣和体力状况，以便为游客提供最佳的旅行体验。

时间管理。导游应该具备良好的时间管理能力，能够合理安排每个景点的停留时间，确保游客有足够的时间参观和了解每个景点的特点和历史背景。他们应该能够根据实际情况进行灵活调整，以适应游客的需求。

解说技巧。导游应该具备良好的解说技巧，能够生动有趣地介绍景点的历史、文化和特色。他们应该能够用简洁明了的语言向游客传达信息，并通过举例、比喻等方式使解说更加生动和易于理解。

安全意识。导游应该具备良好的安全意识，能够确保游客在旅游过程中的安全和舒适。他们应该了解每个景点的安全规定和注意事项，并向游客提供相关的安全提示和建议。在紧急情况下，导游应该能够迅速做出反应并采取适当的措施来保护游客的安全。

团队管理。如果导游负责领导一个较大的游客团队，他们需要具备良好的团队管理能力。他们应该能够组织和协调游客的行动，确保团队的整体安全和旅游的顺利进行。导游还应该能够处理团队成员之间的冲突和问题，并提供必要的支持和帮助。

通过具备良好的导览技巧和组织能力，导游可以为游客提供更加愉快的旅行体验。他们应该合理安排行程，提供准确和生动的解说，确保游客的安全和舒适。这将提升游客对导游服务的满意度，并促进广西旅游业的发展。

3.3.4 危机处理和应急能力

在旅游过程中，可能会遇到各种突发情况和危机。导游需要具备应对突发情况和处理危机的能力，能够冷静应对并妥善解决问题，保证游客的安全和利益。

冷静应对。在面对突发情况和危机时，导游应该保持冷静并迅速做出反应。他们应该能够分析和评估情况，制定应对策略，并及时采取相应的措施来保护游客的安全和利益。

沟通能力。导游应该具备良好的沟通能力，能够与游客、当地相关部门和其他相关人员进行有效的沟通。在危机处理过程中，导游应该能够清晰地传达信息和指示，并及时获取必要的支持和帮助。

知识储备。导游应该具备广泛的知识储备，包括对当地法律法规、紧急联系方式以及应急资源的了解。他们应该能够在危机发生时提供准确的信息和建议，以便游客能够做出正确的决策和行动。

团队协作。如果导游负责领导一个较大的游客团队，在危机处理过程中，他们需要与团队成员密切合作。导游应该能够组织和协调团队的行动，并确保每个人的安全和利益得到保护。

预防措施。导游应该具备预防危机的能力，能够在旅游过程中采取必要的预防措施，减少事故和突发事件的发生。他们应该了解当地的安全规定和注意事项，并向游客提供相应的安全提示和建议。

导游要具备危机处理和应急能力，在突发情况和危机发生时可以迅速做出反应并采取适当的措施，保证游客的安全和利益。这将增加游客对导游服务的信任和满意度，并提升广西旅游业的声誉和形象。

3.3.5 团队合作和领导能力

导游常常需要与其他工作人员、游客和旅行社等进行合作。他们需要具备良好的团队合作和领导能力，能够与团队成员协作，确保旅游活动的顺利进行。

协作能力。导游需要与其他工作人员、游客和旅行社等紧密合作。他们应该能够与不同的团队建立良好的沟通和合作关系，共同完成旅游活动的各项任务。导游应该能够协调和分配工作，确保每个人都能够充分发挥自己的能力和作用。

领导能力。导游在旅游活动中扮演着领导者的角色。他们应该具备良好的领导能力，能够为团队成员树立榜样，并提供指导和支持。导游应该能够明确目标，制订计划，并带领团队朝着既定目标前进。

问题解决能力。在旅游过程中，可能会遇到各种问题和挑战。导游需要具备解决问题的能力，能够快速分析和评估情况，并采取适当的措施来解决问题。导游应该能够冷静应对困难和压力，并及时向团队成员提供必要的指导和支持。

沟通能力。导游需要具备良好的沟通能力，能够与游客、当地相关部门和其他相关人员进行有效的沟通。他们应该能够清晰地传达信息和指示，并及时获取必要的支持和帮助。导游还应该能够倾听和理解团队成员的意见和建议，并做出适当的调整。

团队建设能力。导游应该具备团队建设的能力，能够促进团队成员之间的合作和凝聚力。他们应该能够激发团队成员的潜力，鼓励团队成员积极参与团队建设。导游还应该能够识别和解决团队内部的冲突和问题，确保团队的稳定和和谐。

通过良好的团队合作和领导能力，导游可以与团队成员紧密合作，确保旅游活动的顺利进行。他们能够协调和分配工作，解决问题，并为团队成员提供指导和支持。这将增加游客对导游服务的信任和满意度，并促进广西旅游业的发展。

总的来说，日语导游需要具备广泛的基本知识和技能，包括旅游目的地的相关知识、日本文化和习俗、跨文化交流和沟通技巧、历史和艺术知识等。此外，他们还需要具备流利的日语口语能力、解说和讲述能力、导览技巧和组织能力、危机处理和应急能力，以及团队合作和领导能力。只有具备了这些基本知识和技能，日语导游才能为游客提供更优质的服务，提升旅游体验的质量。

3.4 专业领域知识与文化背景

作为一名专业的日语导游，除基本知识和技能外，还需要具备相关专业领域的知识和文化背景。

3.4.1 广西旅游景点的特色和历史背景

导游需要对广西旅游景点的特色和历史背景有深入的了解。他们应该熟悉广西的地理环境、自然景观、人文历史等方面的知识，以便能够向游客提供准确、详细的解说和介绍。

3.4.2 广西的民俗文化和传统艺术

广西拥有丰富多样的民俗文化和传统艺术。导游需要了解广西的民族风情、传统节日、手工艺品等方面的知识，以便能够向游客介绍和展示广西独特的文化魅力。

3.4.3 广西的风景名胜和旅游资源

广西是一个以自然风光为主的旅游目的地，拥有众多的风景名胜和旅游资源。导游需要了解广西各个景点的特色、景观和历史背景，以便能够向游客提供专业的解说和介绍。

3.4.4 日本与中国的文化差异

作为服务日本游客的导游，了解日本与中国的文化差异是必要的。导游需要了解日本人的价值观、礼仪规范、交际方式等，以便更好地与日本游客进行沟通和交流，并避免文化冲突或误解的发生。

3.4.5 旅游行业的相关知识

导游还需要了解旅游行业的相关知识，包括旅游市场的发展趋势、旅游产品的特点和销售技巧等。这些知识可以帮助导游更好地理解旅游行业的运作机制，提供更专业的服务。

3.4.6 环境保护和可持续发展的概念

在旅游活动中，环境保护和可持续发展是一个重要的议题。导游需要了解环境保护的重要性，以及如何在旅游过程中促进可持续发展。导游应该能够向游客传达环保意识，鼓励他们采取环保行动。

环境保护和可持续发展是旅游业中的重要议题。作为导游，了解并传达环境保护的重要性，以及如何在旅游过程中促进可持续发展是非常关键的。

首先，导游应该具备对环境保护的基本认识和知识。他们应该了解自然环境的脆弱性和可持续利用的原则，并能够向游客传达这些信息。例如，导游可以在旅游路线中强调保护自然资源的重要性，提醒游客遵守当地的环保规定，如不乱扔垃圾、不破坏植被等。

其次，导游可以通过引导游客参与环保行动来促进可持续发展。例如，他们可以组织游客参加清理海滩或山区的活动，鼓励游客节约用水和用电，提倡使用环保产品等。导游还可以向游客介绍当地的环保项目和倡议，如推广可再生能源、减少塑料污染等，以增强游客的环保意识。

导游还可以利用日语进行环保教育和宣传。他们可以使用简单明了的日语向游客解释环保的重要性，并提供相关的日语词汇和短语，以便游客能够更好地理解和应用。例如，他们可以向游客介绍关于环保的日本词汇，如"環境保護"（かんきょうほご，环境保护）和"エコツーリズム"（环保旅游）等。

最后，导游还可以与当地相关部门和组织合作，共同推动环境保护和可持续发展项目。他们可以参与环保培训和研讨会，与其他导游分享经验和最佳实践。导游还可以与旅行社合作，制订环保旅游计划，确保旅游活动符合环保标准。

通过积极传达环保意识和促进可持续发展理念，导游可以在旅游过程中起到榜样的作用，引导游客采取环保行动。这不仅有助于保护自然环境和文化遗产，也能够促进旅游业的可持续发展，并为未来的旅游业发展做出贡献。

总的来说，专业领域与文化背景知识是日语导游必备的技能。导游需要了解广西旅游景点的特色和历史背景，广西的民俗文化和传统艺术，广西的风景名胜和旅游资源，以及日本与中国的文化差异。此外，导游还需要了解旅游行业的相关知识和环境保护的概念。具备了这些专业领域知识和文化背景，日语导游可以更好地向游客介绍和展示广西的魅力，提供专业的导游服务。

3.5 沟通和解说技巧

作为一名优秀的日语导游，具备良好的沟通和解说技巧是非常重要的。以下是一些相关的技巧和要点。

3.5.1 清晰表达

导游需要具备清晰、准确地表达自己的能力。他们应该使用简洁明了的语言，避免使用过于专业或复杂的术语，以便游客能够理解并接收所要传达的信息。

例如，在解说广西观光时，导游可以使用清晰的日语表达来介绍当地的自然景观和文化遗产：

「この場所は中国南部に位置し、美しい自然景観と豊かな文化遺産を誇っています。」

（这个地方位于中国南部，拥有美丽的自然风光和丰富的文化遗产。）

3.5.2 语音语调

语音语调对于有效的沟通非常重要。导游应该注意自己的发音、语调和语速，以确保游客能够听清和理解导游所说的内容。同时，适当的语音、语调可以提高解说的吸引力和生动性。

例如，在介绍景点的美丽风景时，导游可以运用适当的语音、语调来吸引游客的注意力：

「この山は四季折々の美しい景色が楽しめます。春には桜が咲き乱れ、秋には紅葉が見事です。」

（在这座山上可以欣赏到不同季节的美丽风景。春天有樱花盛开，秋天有壮观的红叶。）

当导游介绍景点的美丽风景时，他们可以巧妙运用语音、语调来吸引游客的注意力。例如，在上述例句中，导游可以通过以下方式提升语音、语调的效果。

强调景点特点。导游可以使用略微提高音量或延长发音的方式来强调「四季折々の美しい景色」（四季变化的美丽风景）这一关键词组。这样做不仅可以突出这座山的特点，还能吸引游客的注意力，让他们更加期待和愿意去欣赏这个景点。

表达情感和魅力。导游可以通过运用适当的语音、语调来传递景点所带来的情感和魅力。例如，当介绍春天的樱花盛开时，导游可以使用明快而愉悦的语调，表达出春天的生机和活力；而在介绍秋天的壮观红叶时，可以运用稍微低沉而庄重的语调，以展示秋天的美丽和宏伟。

控制语速和停顿。导游需要注意语速的控制，不要过快或过慢。适当的语速可以让游客更好地跟上导游的解说内容。导游可以在句子中适当加入一些停顿，以便游客能够更好地理解和消化所听到的信息。

音量的变化。导游应该根据环境的噪声程度来控制自己的音量。在一个相对安静的环境中，导游可以适当降低音量，以使解说更加舒适和清晰；而在嘈杂的场所，则需要提高音量，确保游客能够听到。

自然流畅。导游应该追求语音的自然流畅性，避免过度夸张或刻意。通过反复练习和朗读，导游可以提高语音的流畅性，并确保发音的准确性。

通过运用这些扩展的语音、语调技巧，导游可以增强解说的吸引力和生动性，使游客更加投入和理解所介绍的景点信息。导游还应灵活根据具体情况和需求调整自己的语音、语调，以满足游客的听觉需求和期望。

3.5.3 非语言沟通

除语言表达外，导游还需要灵活运用非语言沟通手段，如手势、面部表情和身体语言等。这些非语言沟通可以帮助导游更好地传递信息，增强与游客的互动和理解。

例如，在引导游客参观景点时，导游可以运用适当的手势来引起他们的注意：

（导游用手指向前指示）「ここには美しい滝があります。どうぞご覧ください。」

（这里有一座美丽的瀑布。请看一下。）

在广西的桂林漓江（Guìlín Líjiāng），导游可以运用手势和身体语言来展示漓江的曲折和壮观：

（导游用手指画出弯曲的形状）「漓江は蛇行し、岩山がそびえ立ち、独特な山水画廊を形成しています。」

（漓江蜿蜒曲折，岩峰耸立，形成了独特的山水画廊。）

在广西的龙脊梯田（Lóng jǐ Tītián），导游可以运用手势和身体语言来演示梯田的层次感和美丽：

（导游用手指画出层层叠叠的形状）「龙脊梯田は段々と重なった形状で、その美しさと農作技術を示しています。」

（龙脊梯田如同一幅层次分明的画作，展现出它们的美丽和耕作技巧。）

在广西的南宁青秀山（Qīngxiù Shān），导游可以运用手势和面部表情来展示山的高耸和自然环境的美丽：

（导游用手指向上指示）「こちらは青秀山で、南寧の象徴的な山脈です。急峻で高く、周りには繁密な森林が広がっています。」

（青秀山是南宁的标志性山脉，山势陡峭高耸，周围环绕着茂密的森林。）

在广西的北海银滩（Běihǎi Yíntān），导游可以运用手势和身体语言来展示沙滩的广阔和海水的清澈：

（导游用手臂展开的姿势表示广阔）「こちらは北海の銀灘で、広大で美しいビーチの一つです。砂浜は広く、海水は透明で底が見えます。」

（这是北海的银滩，它是广西广阔且美丽的海滩之一，沙滩宽阔绵延，海水清澈见底。）

在广西的桂林漓江四季山水画廊（Guìlín Líjiāng Sìjì Shānshuǐ Huàláng），导游可以运用手势和面部表情来展示不同季节的山水美景：

（导游用手指指向不同方向）「桂林漓江四季山水画廊は、各季節に独自の美しい風景があります。春は万物が再生する季節で、夏は緑豊かな季節、秋は黄金色の季節、冬は穏やかで平和な季節です。」

（桂林漓江四季山水画廊每个季节都有独特的美景，春天是万物复苏的季节，夏天是郁郁葱葱的季节，秋天是金黄色的季节，冬天是宁静而祥和的季节。）

在广西的阳朔十里画廊（Yángshuò Shílǐ Huàláng），导游可以运用手势和面部表情来展示画廊的美丽和独特之处：

（导游用手指指向周围的山峦）「こちらは陽朔十里画廊で、壮大な山水画です。山々が起伏し、水面は鏡のようで、まるで仙境にいるかのようです。」

（阳朔十里画廊是一幅壮丽的山水画，山峦起伏，水面如镜，让人仿佛置身于仙境中。）

在广西的柳州铁山温泉（Liǔzhōu Tiěshān Wēnquán），导游可以运用手势和身体语言来展示温泉的舒适和放松：

（导游做出舒适的表情和手势）「柳州鉄山温泉は、心身をリラックスさせるのに理想的な場所です。温泉の水温は快適で、人々は快適さと平穏さを感じます。」

（柳州铁山温泉是一个可以放松身心的理想场所，温泉水温适宜，让人感到舒适和宁静。）

在广西的玉林大观园（Yùlín Dàguānyuán），导游可以运用手势和面部表情来展示园内的景点和建筑之美：

（导游用手指指向不同的方向）「こちらは玉林大観園で、庭園、建築、文化が一体となった観光地です。美しい庭園、古い建物、豊かな歴史文化があります。」

（玉林大观园是一个集园林、建筑和文化于一体的景区，这里有精美的花园、古老的建筑和丰富的历史文化。）

在广西的桂林象山（Guìlín Xiàngshān），导游可以运用手势和面部表情来展示山的形状和壮丽景色：

（导游用手指向上指示）「こちらは桂林の象山で、有名な山の一つです。その形状は寝そべった象のようで、頂上からは美しい桂林市のパノラマを見ることができます。」

（象山是桂林著名的山峰之一，它的形状像一只卧象，而且从山顶俯瞰，可以欣赏到壮丽的桂林城市全景。）

在广西的贺州太平天国遗址（Hèzhōu Tàipíng Tiānguó Yízhǐ），导游可以运用手势和身体语言来展示历史遗址的重要性和庄严：

（导游做出庄严的表情和手势）「こちらは賀州太平天国遺跡で、中国の歴史上重要な遺跡の一つです。ここは太平天国の起源地であり、重要な歴史的意義を持っています。」

（贺州太平天国遗址是中国历史上重要的遗址之一，这里是太平天国起义的发源地，具有重要的历史意义。）

在广西的桂林理工大学（Guìlín Lǐgōng Dàxué），导游可以运用手势和面部表情来展示大学的校园氛围和学术气息：

（导游用手指指向周围的建筑）「桂林理工大学は優れた高等教育機関であり、キャンパスは美しい環境にあり、建物のスタイルも独特で、学術的な雰囲気が漂っています。」

（桂林理工大学是一所优秀的高等学府，校园环境优美，建筑风格独特，散发着浓厚的学术气息。)

通过非语言沟通的运用，导游可以更加生动地传达广西景点的特色和魅力，让游客更深入地体验和感受这些美丽的景点所带来的乐趣和惊喜。

3.5.4 故事讲述能力

一个好的导游应该具备优秀的故事讲述能力。他们可以通过讲述有趣的故事、传递历史背景和文化内涵等方式，吸引游客的注意力，并使游客对所参观的景点产生更深入的兴趣。

例如，在介绍具有历史价值的建筑时，导游可以运用故事讲述能力来吸引游客的兴趣：

「この建物は明治時代に建てられたもので、歴史的な価値があります。」

(这座建筑是在明治时代建造的，具有历史价值。)

在广西的龙脊梯田，导游可以讲述关于梯田的形成和农民努力的故事：

「龍脊梯田は世界でも有名な梯田の一つで、地元の農民たちの長年の努力によって作られました。昔話によると、この地は非常に貧しい土地で、穀物を栽培することができませんでした。しかし、農民たちはあきらめることなく、山の斜面の高低差を利用して段々梯田を築き上げ、巧妙な灌漑方法を採用しました。ついにこの土地を肥沃にすることに成功しました。現在、龍脊梯田は広西観光の重要な名所となっており、農民たちの知恵と努力の結晶です。」

(龙脊梯田是世界上最著名的梯田之一，它是由当地农民数百年来辛勤劳作而形成的。据说，在古代，这片土地非常贫瘠，无法种植粮食。然而，农民们并没有放弃，他们利用山坡地的高低差，修建了层层梯田，并采取了巧妙的灌溉方式，终于成功地让这片土地变得肥沃起来。如今，龙脊梯田已经成为广西旅游的重要景点，也是农民的智慧和努力的结晶。)

在广西的漓江，导游可以讲述关于漓江的美丽风景：

「漓江は中国でも最も美しい水域の一つと称されており、その美しい景色は数多くの観光客を魅了しています。」

（漓江被誉为中国最美的水域之一，它的美丽景色吸引了无数游客。）

在广西的阳朔，导游可以讲述关于阳朔的自然美景和文化特色的故事：

「陽朔は広西の有名な観光地の一つで、その壮大な自然風景で知られています。漓江のそばに位置し、山に囲まれ、水と空が一体となった独特な喀斯特地形の景観が広がっています。」

（阳朔是广西著名的旅游目的地之一，其以壮丽的自然风光而闻名。阳朔位于漓江畔，被群山环抱，水天相接，形成了独特的喀斯特地貌景观。）

导游可以讲述阳朔山水的美丽传说，比如关于月亮山和蝴蝶泉的故事，以及当地人民的生活和传统文化等方面的知识。此外，阳朔还有丰富多样的民俗表演和手工艺品，导游可以介绍这些文化特色，让游客更好地体验当地的魅力。

在广西的桂林山水画廊，导游可以讲述关于桂林山水的文化意义和艺术价值的故事：

「桂林山水画廊は「天下山水甲桂林」と称され、その独特な山々、小川、洞窟で知られています。」

（桂林山水画廊被誉为"天下山水甲桂林"，其以独特的山峦、溪流和洞穴而闻名。）

导游可以讲述桂林山水的艺术价值和文化内涵，也可以介绍与中国古代绘画和诗词创作相关的故事。同时，导游还可以介绍桂林山水在世界文化遗产保护中的重要性，以及与之相关的旅游活动和体验。这些故事可使游客更好地欣赏和理解桂林山水的美丽与独特之处。

南宁园博园（Nánníng Yuánbóyuán）是广西南宁市的一个大型园林景区，导游可以讲述一个关于园博园的故事：

「南寧園博園は南寧市の広大な公園です。花卉展示、園芸文化、科学普及教育などが一体となった総合公園です。伝説によれば、昔々、この土地は荒れた沼地でしたが、一人の農夫が辛勤な努力を通じてここを美しい花園に変えました。彼の物語は人々に感動を与え、多くの人々が訪れるようになり、こうして南寧園博園が誕生しました。」

（南宁园博园是一个集花卉展览、园艺文化、科普教育于一体的综合性园区。据说，很久以前，这片土地上原本是一片荒芜的沼泽地，但有一位勤劳善良的农民通过辛勤劳动，将这里变成了一个美丽的花园。他的故事感染了众人，人们纷纷前来参观，于是南宁园博园就诞生了。）

金秀瑶族自治县（Jīnxiù Yáozú Zìzhìxiàn）是广西百色市的一个县，导游可以讲述一个关于金秀瑶族自治县的传说：

「金秀瑤族自治県は広西百色市の県で、美しい神秘な場所です。伝説によれば、昔々、ここは茂みの森で、瑤族の先祖が住んでいました。瑤族の先祖たちは幸せで平和な生活を送っていましたが、ある日、大火が突然襲い、森全体が焼失してしまいました。瑤族の先祖たちは自分たちを守るために、神々に祈りを捧げる歌声を響かせました。結果、神々は彼らの呼びかけに応えて火災を鎮火させました。それ以来、金秀瑤族自治県は瑤族の人々の故郷となり、瑤族の歌声はこの土地の一つの風景となりました。」

（金秀瑶族自治县是一个美丽而神秘的地方，据说在很久以前，这里是一片茂密的森林，居住着瑶族的先民。瑶族的先民过上了幸福安宁的生活，但有一天，一场大火突然袭来，将整个森林都烧毁了。瑶族的先民为了保护自己，用他们的歌声祈求神灵保佑，结果神灵听到了他们的呼唤，将火势扑灭。从那以后，金秀瑶族自治县就成为瑶族人民的家园，并且瑶族的歌声也成为这片土地上的一道风景。）

龙舟竞渡（Lóngzhōu Jìngdù）是广西壮族自治区的传统民俗活动，导游可以讲述一个关于龙舟竞渡的传说：

「龍舟競渡は広西チワン族自治区の伝統的な民俗行事です。伝説によれば、昔々、広西のある川には凶暴な水怪がいて、近くの村をしばしば襲撃していました。村人を守るため、勇敢な若者が水怪と戦うことを決意しました。彼は特別な船、龍舟を作り、村の人々を彼のチームに加わるように誘いました。競渡の過程で、彼らは水怪を打ち負かし、村を救いました。この勝利を記念して、龍舟競渡は広西チワン族自治区の重要な民俗行事となりました。」

（龙舟竞渡是广西壮族自治区的传统民俗活动。相传很久以前，广西的一条河中有一只凶猛的水怪，经常袭击附近的村庄。为了保护村民，一位勇敢的年轻人决定与水怪搏斗。他制作了一艘特殊的船——龙舟，并邀请村里的人一起加入他的队伍。在竞渡的过程中，他们击败了水怪，拯救了村庄。为了纪念这次胜利，龙舟竞渡成为广西壮族自治区的一项重要民俗活动。）

芦笙音乐（Lúshēng Yīnyuè）是广西壮族自治区的传统音乐形式，导游可以讲述一个关于芦笙音乐的传说：

「伝説によれば、昔々、広西のある若者が芦笙を吹くことが大好きでした。彼の音楽の才能は非凡で、演奏するたびに鳥や山の精霊たちの注目を集めました。ある日、彼は深い山中で芦笙を吹いている最中に道に迷ってしまいました。絶望感に包まれていると、不思議な鳥が彼の前に飛んできて、彼を家に帰る道に案内しました。この鳥に感謝するため、若者は自分の音楽の才能を村の人々に伝えました。それ以来、芦笙音楽は広西チワン族自治区で伝承され、発展してきました。」

（相传很久以前，广西的一位年轻人非常喜欢吹奏芦笙，他的音乐才华非凡，每次演奏都能引来鸟兽和山中精灵。有一天，他在深山中吹奏芦笙时，不小心迷路了。正当他感到绝望时，一只神奇的鸟儿飞到他面前，并带领他找到回家的路。为了感谢这只鸟儿，年轻人将自己的音乐才华传授给了村里的人，从此芦笙音乐在广西壮族自治区得以传承和发展。）

通过讲述这些故事，导游可以将景点与历史、文化等方面联系起来，使游客更加深入地了解和感受到所参观景点的独特之处。同时，这些故事也能够激发游客的好奇心和兴趣，增加他们对旅行目的地的探索欲望。一个优秀的导游应该能够巧妙地运用故事讲述能力，为游客带来难忘的旅行体验。

通过运用这些沟通和解说技巧的日语例子，日语导游可以与游客建立良好的关系，提升旅游体验的质量。同时，根据实际情况和景点特点，导游还可以根据需要进行适当的调整和补充。

3.5.5　个性魅力

导游作为旅游服务的一部分，应该具备一定的个性魅力。他们可以通过自信、友好、亲切的态度，与游客建立良好的关系，增强沟通效果和客户满意度。

3.5.6　多语言翻译能力

在与日本游客交流时，导游还需要具备良好的翻译能力。他们应该能够准确地翻译游客的问题和需求，并将信息传达给相关的工作人员或当地居民，以便提供更好的服务。

3.5.7　灵活应变和问题解决的能力

在旅游过程中，可能会遇到各种意外情况和问题。导游需要具备灵活应变和问题解决的能力，能够迅速做出反应并妥善解决问题，以保证游客的安全和舒适。

总的来说，沟通和解说技巧是日语导游不可或缺的一部分。导游需要具备清晰表达、语音语调、非语言沟通、故事讲述能力和展现个性魅力的技巧。同时，他们还需要具备多语言翻译能力、灵活应变和问题解决能力，以提供更专业、高效的导游服务。通过运用这些技巧，日语导游可以与游客建立良好的关系，提升旅游体验的质量。

第四章

日本旅游经验对广西观光日语导游应用的影响

<<< 第四章 日本旅游经验对广西观光日语导游应用的影响

4.1 日本旅游业的发展与特点

4.1.1 日本旅游业的发展历程

日本旅游业经历了长期的发展，从20世纪末开始逐渐崛起为全球热门旅游目的地之一。以下是日本旅游业的发展里程碑。

（1）经济增长与基础设施建设

第二次世界大战后，日本经济快速发展，基础设施建设得到大力推动，为旅游业提供了良好的基础条件。

（2）经济泡沫时期

20世纪80年代，日本经济进入高速增长阶段，人们的可支配收入增加，旅游需求也随之增长。

（3）国际大型活动的举办

在过去的几十年里，日本作为东道主举办了数次大型国际活动，包括奥运会和世博会等，吸引了成千上万的国际游客。这些活动的成功举办不仅提高了日本的国际地位，也为旅游业带来了巨大的机遇。

首先，奥运会作为全球最具影响力的体育盛会之一，对日本的旅游业产生了巨大的推动作用。奥运会期间，全球各地的游客涌入日本，为日本的旅游业带来了空前的繁荣。为了满足大量游客的需求，日本政府和企业界投入巨额资金加强旅游基础设施的建设，包括酒店、交通和旅游景点的升级和扩建。同时，日本还加强了与国际旅游机构的合作，推广日本的旅游资源，吸引更多的国际游客。

其次，世博会作为展示世界最新科技和创意的重要平台，也对日本的旅游业产生了积极的影响。世博会期间，游客有机会参观来自世界各地的最新科技和创意成果，日本的最新技术和产品也得以展示。此外，世博会还为游客提供了丰富的文化体验，包括传统艺术、美食和民俗表演等。这些文化体验不仅吸引了游客的兴趣，也加深了他们对日本文化的了解和认识。

除奥运会和世博会等大型国际活动外，日本还举办了其他一系列的国际赛事和会议，如世界杯足球赛、亚洲运动会等。这些活动不仅吸引了大量的游客，还为日本的旅游业带来了巨大的商业机会。

总的来说，日本举办的大型国际活动为旅游业带来了巨大的机遇和挑战。为了应对这些挑战，日本的旅游业需要不断创新和完善服务体系，提高服务质量。同时，政府和企业界也需要加强合作，加强旅游基础设施的建设和推广工作，吸引更多的国际游客前来观光和旅游。

（4）外国游客数量增加

近年来，日本政府采取了积极的旅游推广措施，吸引了越来越多的外国游客前往日本旅游。这些措施包括但不限于以下方面：

推出特色旅游线路。为了吸引不同需求的游客，日本政府与旅游企业合作推出了多种特色旅游线路，如樱花线路、美食线路、温泉线路等。这些线路不仅提供了丰富的旅游体验，也使游客更容易了解日本的特色文化和风俗。

加强宣传推广。日本政府在海外市场进行了大规模的宣传推广活动，包括在社交媒体、旅游网站和电视广告上投放广告，与海外旅游机构合作推广日本的旅游资源等。此外，日本政府还邀请了国际明星和名人前来旅游，通过他们在社交媒体上的分享，增加了日本旅游的曝光度和吸引力。

推出优惠政策。为了鼓励外国游客前来旅游，日本政府推出了多种优惠政策，如为在特定商店购物的游客提供免税或退税的优惠，为长期逗留的游客提供签证延期等政策。这些政策不仅增加了外国游客的数量，也提高了游客的满意度和忠诚度。

加强旅游基础设施建设。为了提高游客的便利性和舒适度，日本政府加强了旅游基础设施的建设，包括机场、港口、公路和铁路等交通设施的升级和扩建，同时也加强了对酒店、餐饮和导游服务等的质量监管。

完善旅游服务。日本政府重视提高旅游服务质量，加强对旅游景区的监管，提高旅游企业的服务水平。此外，政府还鼓励旅游企业推出更多符合外国游客需求的旅游产品和服务，如定制游、主题游等。

加强与国际旅游组织的合作。日本政府积极参与国际旅游组织的相关活动，加强与各国的旅游合作，推广日本的旅游资源。通过与国际旅游组织的合作，日本可以获得更多的支持和资源，提高其在国际旅游市场中的地位和影响力。

促进地方旅游发展。日本政府鼓励各地因地制宜，发展具有地方特色的旅游业。通过推广地方文化、风俗和自然景观，吸引游客前来当地旅游，促进地方经济的繁荣和发展。

培养国际化导游人才。为了提高导游服务质量，日本政府加强了对导游的培训和管理，鼓励旅游企业加强对导游的国际化培训，提高他们的跨文化交流能力和服务水平。

开发新的旅游市场。日本政府不断开拓新的旅游市场，如吸引更多的中国、东南亚、欧美等地的游客前来旅游。日本通过与海外旅游机构合作、在主要客源国开设旅游办事处等方式，加强对这些市场的宣传和推广。

针对特定市场的营销策略。例如，为了吸引中国游客，日本政府和旅游企业合作推出了针对中国市场的营销策略，包括推出中文导游服务、推出中国游客定制游产品等。

培养国际化导游人才。日本政府鼓励高校开设旅游观光相关专业，培养导游业所需的各类专业人才。同时，政府还与民间团体、培训机构等合作，加强对导游的跨文化交流能力和服务水平的培训。

开发新的旅游市场。为了开拓新的旅游市场，日本政府还与一些国家合作，如与北海道当地机构合作制订"留学生滑雪指导员培养计划"，以解决外国滑雪游客增多而懂外语的滑雪指导员人手不足的问题。

4.1.2 日本旅游业的特点

日本旅游业在全球范围内具有一些独特的特点，以下是其中几个方面的描述。

文化遗产和自然景观。日本拥有丰富的文化遗产和自然景观，如京都的古建筑、富士山的壮丽景色等，吸引了众多游客。

高品质服务。日本以其高品质的服务而闻名，从交通、住宿到餐饮，游客可以享受到周到细致的服务。

先进的科技应用。日本在旅游领域广泛应用先进的科技，如机器人导游、智能导览系统等，提升了游客体验。

季节性旅游活动。日本的四季分明，每个季节都有独特的节日和活动，吸引了许多游客前来体验。

文化和历史。日本拥有丰富的文化遗产和深厚的历史背景，包括古老的庙宇、城堡和神社等。这些文化和历史景点成为吸引游客的重要因素，也促使广西观光日语导游在讲解和介绍这些景点时更加注重文化和历史知识的传达。

技术与创新。日本以其先进的科技和创新能力而闻名，如高速铁路、机器人技术和先进的电子设备等，这些技术和创新成就也成为日本旅游的一大亮点。

美食和饮食文化。日本的美食文化在全球范围内享有盛誉，如寿司、拉面、烤肉等。广西观光日语导游需要熟悉日本的饮食文化，并能够向游客介绍和推荐各种美食。

自然景观。日本拥有壮丽的自然景观，如富士山、日本阿尔卑斯山脉和温泉等，这些自然景观吸引了大量的游客。

温馨礼仪与服务。日本以其独特的温馨礼仪和高质量的服务而闻名。广西观光日语导游可以从日本的服务文化中汲取经验，提供更加周到细致的服务，为游客提供良好的旅行体验。

4.1.3　日本旅游经验在广西观光日语导游应用中的借鉴意义

提供全面而深入的文化和历史解说。日本是一个拥有悠久历史和丰富文化的国家，广西观光日语导游可以借鉴其在文化和历史解说方面的经验。导游应该具备深入了解广西地区文化和历史的能力，并能够向游客提供准确、全面、深入的解说和介绍。

强调科技和创新成就。日本以其先进的科技和创新能力而闻名，广西观光日语导游可以借鉴其在科技和创新方面的经验。导游应该了解广西地区的科技发展情况，并能够向游客介绍相关的科技和创新成就，增加广西旅游的吸引力。

推广当地美食和饮食文化。日本的美食文化在全球范围内享有盛誉，广西观光日语导游可以借鉴其在推广美食和饮食文化方面的经验。导游应该熟悉广西的美食特色，并能够向游客介绍和推荐当地的美食，增加游客对广西的兴趣和满意度。

强调自然景观和生态环境保护。日本拥有壮丽的自然景观，广西观光日语导游可以借鉴其在强调自然景观和生态环境保护方面的经验。导游应该了解广西地区的自然景观和生态环境保护情况，并能够向游客提供相关的解说和介绍，增加游客对广西的自然之美的认知和关注度。

提供优质的服务和温馨的礼仪。日本以其独特的温馨礼仪和高质量的服务而闻名，广西观光日语导游可以借鉴其在提供优质服务和温馨礼仪方面的经验。导游应该注重培养良好的服务意识和礼仪素养，为游客提供周到细致的服务和良好的旅行体验。

4.2 日本旅游经验对广西观光日语导游服务质量的影响

4.2.1 强调细致入微的服务

日本以其独特的温馨礼仪和高质量的服务而闻名。这种细致入微的服务理念对广西观光日语导游的服务质量产生了明显的影响。导游在接待游客时，可以借鉴日本的服务理念，注重细节和个性化的服务。例如，提前了解游客的需求和偏好，为他们提供定制化的旅行建议和安排；在旅行过程中，积极关注游客的需求，主动提供帮助和解答问题；在服务过程中保持亲切、友好的态度，让游客有宾至如归的感受。

强调细致入微的服务对广西观光日语导游应用的影响是非常重要的。通过借鉴日本的服务理念，广西观光日语导游可以提升服务质量，提高游客的满意度和忠诚度。

首先，导游可以通过提前了解游客的需求和偏好，为他们提供定制化的旅行建议和安排。这意味着导游需要主动与游客进行沟通，了解他们的兴趣、喜好和需求，以便根据这些信息制订个性化的旅行计划。例如，如果游客对自然风光感兴趣，导游可以推荐适合的景点和路线，并提供相关的解说和介绍。这样的个性化服务能够让游客感受到被重视和关注的程度，增加他们对导游的信任和满意度。

其次，在旅行过程中，导游应该积极关注游客的需求，并主动提供帮助和解答问题。这意味着导游需要时刻保持警觉，注意观察游客的反应和需求，及时解决问题和提供帮助。例如，如果游客遇到困难或有疑问时，导游可以及时给予帮助和解答，并提供相关的信息和建议。这样细致入微的服务能够让游客感受到导游的关心和专业性，增加他们对导游的信任和满意度。

最后，在服务过程中，导游应该保持亲切、友好的态度，让游客有宾至如归的感受。这意味着导游要以微笑和礼貌的态度来对待游客，并时刻关注他们的感受和需求。导游可以通过与游客进行简单的交流和问候，营造轻松愉快的氛围。同时，导游还可以主动提供一些细微的关怀和服务，如提供雨伞、准备矿泉水等，为游客提供更加舒适和便利的旅行体验。这种亲切友好的态度能够让游客感受到导游的热情和专业性，增加他们对导游的好感和满意度。

强调细致入微的服务对广西观光日语导游应用的影响是显而易见的。通过借鉴日本的服务理念，导游可以提升服务质量，提升游客的满意度和忠诚度。细致入微的服务不仅能够满足游客的需求，还能够让他们感受到导游的关心和专业性，从而提升整体旅行体验。因此，在广西观光日语导游应用中，注重细致入微的服务是非常重要的。

4.2.2 注重沟通与解释能力

在日本旅游中，导游通常具备良好的沟通和解释能力，能够清晰地传达信息并回答游客的问题。广西观光日语导游应该学习并借鉴这种沟通与解释能力，以提升服务质量。导游应该具备流利的日语口语能力，并能够用简明的语言解释景点的历史、文化和背景知识，使游客更好地理解和欣赏广西的特色和魅力。

注重沟通与解释能力对于广西观光日语导游的服务质量至关重要。借鉴日本导游的沟通与解释能力，可以帮助导游更好地传达信息、回答游客的问题，并增进游客对广西的理解和欣赏。

首先，导游应该具备流利的日语口语能力。作为广西观光日语导游，掌握流利的日语口语能力是必不可少的。这样可以确保导游能够与日本游客进行顺畅的交流，并准确地传达信息。流利的口语能力可以帮助导游与游客建立良好的关系，增加游客对导游的信任和满意度。

其次，导游应该能够用简明的语言解释景点的历史、文化和背景知识。广西作为一个具有丰富历史和文化遗产的地方，导游需要准确、生动地向游客传达这些信息。导游可以通过简单、易懂的语言解释景点的背景和故事，使游客更好地理解和欣赏广西的特色和魅力。同时，导游还可以借助图片、视频等辅助工具，以视觉方式展示相关信息，提升游客对景点的认知和兴趣。

最后，导游还应该具备良好的解答问题的能力。在旅行过程中，游客可能会提出各种有关历史背景、文化差异、当地风俗等的问题。导游应该准备充分，对这些问题有所了解，并能够清晰、准确地回答。导游可以通过提供相关的背景知识、故事和实例来解答问题，使游客对广西的了解更加深入和全面。

注重沟通与解释能力对于广西观光日语导游的服务质量至关重要。导游应该具备流利的日语口语能力，以便与日本游客进行有效的沟通。此外，导游还应该能够用简明的语言解释景点的历史、文化和背景，帮助游客更好地理解和欣赏广西的特色和魅力。通过借鉴日本导游的沟通与解释能力，广西观光日语导游可以提升服务质量，提高游客的满意度和对广西的认知。

4.2.3　关注游客体验与满意度

日本旅游业注重游客体验和满意度，广西观光日语导游也应该将这种关注放在首位。导游应该关注游客的需求和感受，积极倾听他们的意见和建议，并根据反馈进行改进。此外，导游还可以通过提供额外的服务和惊喜，如推荐当地特色美食、介绍购物场所等，提升游客的满意度和忠诚度。

关注游客体验与满意度是广西观光日语导游应该重视的重要方面。通过借鉴日本旅游业的做法，导游可以提升游客的满意度，并建立良好的口碑。

首先，导游应该关注游客的需求和感受。导游可以通过与游客进行交流，了解他们的兴趣、偏好以及旅行目的。在旅行过程中，导游应该积极倾听游客的意见和建议，并根据反馈进行改进。例如，如果游客对某个景点或活动提出了意见，导游可以及时采取措施解决问题，以确保游客的体验和满意度。

其次，导游可以通过提供额外的服务和惊喜来提升游客的满意度和忠诚度。例如，导游可以推荐当地特色美食、介绍购物场所等，让游客能够更好地体验当地文化和风味。导游还可以提供一些细微的关怀和服务，如准备矿泉水、提供雨伞等，为游客提供更加舒适和便利的旅行体验。这些额外的服务和惊喜可以让游客感受到导游的关心和用心，增加他们对导游的好感和满意度。

最后，导游应该建立有效的沟通渠道，方便游客提出问题和反馈意见。导游可以在旅行过程中定期与游客进行交流，并鼓励他们提出问题和意见。导游应该认真对待游客的反馈，并及时采取措施解决问题。通过建立良好的沟通渠道，导游可以更好地了解游客的需求和感受，及时做出调整和改进，提升游客的满意度和体验。

关注游客体验与满意度是广西观光日语导游应该重视的重要方面。通过关注游客的需求和感受，导游可以提升服务质量，提高游客的满意度和忠诚度。导游可以通过提供额外的服务和惊喜，提高游客的满意度和忠诚度。同时，导游还应该建立有效的沟通渠道，方便游客提出问题和反馈意见，以便及时做出调整和改进。通过关注游客体验与满意度，广西观光日语导游可以提升整体服务水平，吸引更多的游客，并建立良好的口碑。

4.2.4 培养良好的服务意识与专业素养

日本导游在服务过程中展现出良好的服务意识和专业素养，这对广西观光日语导游的服务质量有着积极的影响。导游应该注重培养良好的服务意识，了解并尊重游客的文化背景和习惯，主动解决问题和提供帮助。此外，导游还应该持续学习和提升自己的专业素养，不断更新旅游相关知识，提高解说和讲解能力，为游客提供更加专业和有价值的服务。

培养良好的服务意识与专业素养对于广西观光日语导游来说至关重要。借鉴日本导游的做法，导游可以提升自己的服务质量，为游客提供更加专业和满意的旅行体验。

首先，导游应该注重培养良好的服务意识。这包括了解并尊重游客的文化背景和习惯，主动解决问题和提供帮助。导游应该了解不同国家和地区的文化差异，尊重游客的宗教信仰、礼仪习惯等，避免造成冲突或误解。导游还应该主动与游客进行沟通，了解他们的需求和期望，并及时解决问题，确保游客能够享受到愉快和顺利的旅行体验。

其次，导游应该持续学习和提升自己的专业素养。导游需要不断更新旅游相关知识，了解广西的历史、文化和地理特点，掌握相关景点的背景知识和故事。导游还应该提高解说和讲解能力，以便能够生动、准确地向游客传达信息。通过持续学习和提升专业素养，导游可以为游客提供更加专业和有价值的服务，增加游客对广西的认知和兴趣。

最后，导游还应该具备良好的人际沟通和协调能力。导游需要与游客、其他导游以及景点工作人员等进行有效的沟通和协调。导游应该善于倾听和理解，能够与不同背景和需求的人进行有效的交流。导游还应该能够处理突发情况和解决游客的问题，保持冷静和专业的态度。

培养良好的服务意识与专业素养对于广西观光日语导游来说至关重要。导游应该注重了解并尊重游客的文化背景和习惯，主动解决问题和提供帮助。导游还应该持续学习和提升自己的专业素养，不断更新旅游相关知识，提高解说和讲解能力。通过培养良好的服务意识与专业素养，广西观光日语导游可以提升服务质量，为游客提供更加专业和满意的旅行体验。

通过借鉴日本旅游经验，广西观光日语导游可以改进服务方式和态度，提升服务质量，提高游客的满意度和忠诚度，推动广西观光日语导游应用的发展。

第五章

广西观光日语导游应用案例研究

<<< 第五章　广西观光日语导游应用案例研究

5.1　不同类型旅游景点的日语导游应用案例

以下是一些常见的类型：

（1）历史文化遗址

广西有许多历史悠久的文化遗址，如南宁的明秀古城、玉林的韦州古城等。在这些遗址中，日语导游可以向游客详细介绍遗址的历史背景、建筑风格以及与当地历史事件和名人相关的故事。

① 柳州白莲塔（日语：リウジョウバイリエンタ）

柳州白莲塔位于广西柳州市，是中国著名的佛教建筑之一。这座塔建于公元686年，是中国现存最古老的砖塔之一。白莲塔高达33层，外观精美，犹如一朵盛开的莲花。日语导游可以向游客介绍白莲塔的历史、建筑风格以及与佛教相关的文化和信仰。

例：

导游：皆さん、こんにちは！今日は柳州の有名な仏教建築、白蓮塔を案内します。白蓮塔は686年に建設され、中国現存最古の甎塔の一つです。

游客A：白蓮塔の歴史はどのようなものですか？

导游：白蓮塔は仏教信仰の象徴として建設され、唐代の文化と仏教信仰の融合を体現しています。数百年来、白蓮塔は仏教信仰者の心霊の支柱を務め、柳州地域の文化と歴史の重要象徴です。

游客B：白蓮塔の建築風格はどんなものですか？

导游：白蓮塔は精緻な工芸と独創的な設計を体現しています。塔の外観は盛開的蓮花の形を模倣、塔内の彫刻と壁画は仏教の文化と信仰を表現しています。

游客C：白蓮塔は仏教信仰者の心霊の支柱ですね。この塔は仏教文化と

93

信仰にどのような関連がありますか?

导游：白蓮塔は仏教信仰者の心霊の支柱であり、仏教文化と信仰の重要象徴です。仏教信仰者は塔の前に礼拝をして、祈願と修行を行います。白蓮塔は仏教信仰者の信仰心と道徳心の体現であり、仏教文化と信仰の重要推進者です。

游客D：柳州白蓮塔は本当に美しく、歴史的価値も高いです。今後必ず再度来訪します。

导游：皆さん、ありがとうございます！白蓮塔は柳州地域の文化と歴史の重要象徴です。ぜひ、再度来訪をお待ちしています！

该案例中，日语导游首先向游客介绍了柳州白莲塔的历史背景，强调了它是中国现存最古老的砖塔之一，同时也是佛教信仰的重要象征。

游客A询问白莲塔的历史，导游详细介绍了该塔作为佛教信仰的象征，以及唐代文化和佛教信仰的融合。

游客B对白莲塔的建筑风格感兴趣，导游便描绘了塔的外观犹如盛开的莲花，以及塔内精美的雕刻和壁画所体现的佛教文化和信仰。

游客C探讨了白莲塔与佛教文化及信仰的关联，导游解释说，这座塔不仅是佛教信仰者的心灵支柱，也是佛教文化和信仰的重要推动者。

游客D对柳州白莲塔的美丽和历史价值表示赞赏，并表示将来一定会再次来访。导游对游客的赞赏表示感谢，并期待他们再次光临，继续探索柳州地区的文化和历史。

②南宁明秀古城（日语：ナンニンメイシューコジョウ）

南宁明秀古城位于广西南宁市，是一座具有悠久历史的文化遗址。这座古城保存着许多古老的建筑和文物，如古城墙、古街道、古庙宇等。日语导游可以向游客介绍古城的建筑风格和历史背景，讲解其中的历史事件和与名人相关的故事。

例：

导游：皆さん、こんにちは！今日は南寧の歴史の宝庫、明秀古城を案内します。この古城は悠久な歴史を込めており、多くの古建築と文物を保存しています。

游客A：ええ、非常に興味深いです！古城的建築風格はどんな特徴がありますか？

导游：明秀古城の建築風格は典型的中国南部の古城風格を体現しています。城壁は堅固厚重、古街道は石板遥で敷設され、古廟宇は木造建築の精巧を展示しています。

游客B：古城内はどんな歴史事件や名人のストリーが込めていますか？

导游：明秀古城内は、数多くの歴史事件と名人のストリーが込めています。例えば、古城内の某古廟宇は当地の名人の故居で、彼が古城の繁栄に貢献した事跡を伝えています。

游客C：明秀古城の魅力は本当に魅力的ですね。今後も努力を重ねて、歴史と文化を伝承していきたいと思います。

导游：皆さん、心よりありがとうございます！明秀古城は丰厚的歴史と文化を待ち受けています。ぜひ、再度光臨をお待ちしています！

该案例中，日语导游首先向游客致以问候，并简要介绍了南宁明秀古城的历史和文化遗产。接着，针对游客的提问，导游详细介绍了古城的建筑风格，如城墙的坚固、古街道的石板铺设以及古庙宇的木造建筑。导游还向游客讲述了古城内所蕴含的历史事件和与名人相关的故事，如某古庙宇曾是当地名人的故居，他们为古城的繁荣做出了贡献。最后，游客对明秀古城的魅力表示欣赏，并表示将努力传承历史和文化。导游对游客的欣赏表示感谢，并期待他们再次光临南宁明秀古城。

通过这次日语导游服务，游客不仅能够欣赏到南宁明秀古城的美丽风景，还能深入了解古城的历史和文化背景，体验一段难忘的旅程。

③玉林韦州古城（日语：ユーリンウェイジョウコジョウ）

玉林韦州古城位于广西玉林市，是一座拥有悠久历史的文化遗址。这座古城建于唐朝时期，保留着许多古代建筑和遗迹，如古城墙、城门、宫殿等。日语导游可以向游客详细介绍古城的历史背景、建筑风格，以及与当地历史事件和名人相关的故事。

例：

导游：皆さん、こんにちは！今日は玉林の歴史の豊かな遺跡、韦州古城を案内します。この古城は唐朝時期に建設され、数多くの古代の建物と遺跡を保存しています。

游客A：古城の歴史背景はどのようになっていますか？

导游：韦州古城は玉林地区の歴史と文化の重要象徴です。唐朝時期、玉林地域は政治、経済、文化の中心地として繁栄し、古城の建設も当時の社会背景と発展状況を反映しています。

游客B：古城の建築風格はどんな特徴がありますか？

导游：韦州古城の建築風格は典型的中国古代建築の特点を展示しています。古城墻の堅固、城門の雄偉、宮殿の華美、すべては古代の工芸と建築の智慧を凝縮しています。

游客C：古城はどんな歴史事件や名人のストリーが込めていますか？

导游：韦州古城は玉林地域の歴史の宝庫です。ここで、多くの歴史事件が起こり、多くの名人が活躍しています。例えば、古代の某位名人は古城内で重要な政治活動を展開し、玉林地域の発展に貢献しました。

游客D：玉林韦州古城は本当に魅力的です。今後もっと深く学び、中国の歴史と文化を理解したいと思います。

导游：皆さん、心よりありがとうございます！玉林韦州古城は更に多くの秘密を隠れています。ぜひ、再度来訪をお待ちしています！

该案例中，日语导游首先向游客致以问候，并简要介绍了玉林韦州古城的历史背景，提到该古城是唐朝时期的建筑，反映了当时玉林地区的政治、经济和文化状况。

游客A询问古城的历史背景，导游详细解释了古城在玉林地区历史与文化中的重要性，并提到了唐朝时期玉林地域的繁荣景象。

游客B对古城的建筑风格感兴趣，导游便介绍了古城墙、城门和宫殿的特点，强调了这些建筑所展现的中国古代建筑工艺的智慧和美感。

游客C询问古城是否蕴含了某些历史事件或名人的故事，导游便分享了一些与古城相关的历史事件和名人的故事，如某位名人在古城内进行的重要政治活动。

游客D表示对玉林韦州古城的魅力印象深刻，并希望能够更深入地学习和了解中国的历史与文化。导游对游客的赞赏表示感谢，并期待他们再次光临玉林韦州古城，继续探索其中隐藏的秘密。

（2）自然景点类

广西拥有许多自然风光壮丽的景点，如桂林的漓江、阳朔的月亮山等。在这些景点中，日语导游可以向游客介绍当地的地质特征、植被类型以及与当地传说和文化相关的自然现象。

①漓江（日文：漓江）

漓江是广西桂林市最著名的自然景点之一。导游可以向游客介绍漓江的地质特征，如奇峰怪石和清澈碧绿的水域。同时，导游还可以解释漓江的植被类型，如生长在峭壁上的翠绿植物和水中的荷花。此外，导游还可以分享与漓江相关的传说和文化，如关于漓江女儿山的故事和与漓江有关的古代诗歌。

某旅游企业在寻找一位日语导游，以满足日本游客对中国漓江景点的需求。企业希望导游能够提供专业且生动有趣的解说，向游客介绍漓江的地质特征、植被类型以及相关的传说和文化。

在这种背景下，企业招募了经验丰富的日语导游小林先生。小林先生熟悉桂林风光，并且对漓江有着深入的了解。他在漓江游览中，用流利的日语向游客生动地介绍了漓江的地质特征。他指出，漓江因其奇峰怪石和清澈碧绿的水域而闻名，这些奇特的地质景观使漓江成为举世闻名的自然奇观。

除此之外，小林先生还向游客解释了漓江的独特植被类型。他生动地描述了峭壁上翠绿的植物和水中盛开的荷花，使游客仿佛置身于一个充满生机的自然世界。

此外，小林先生还与游客分享了与漓江相关的传说和文化。他讲述了关于漓江女儿山的美丽传说，并朗诵了与漓江有关的古代诗歌，让游客领略到了中国古代文化的魅力。

通过小林先生的专业解说和生动介绍，日本游客的中国漓江探索之旅更加丰富多彩，增添了一份难忘的体验。企业也因此获得了游客的高度赞誉和满意度，为公司的口碑和业务发展增添了不少亮点。

当日语导游带领日本游客参观广西桂林市著名的漓江景点时，可以通过以下方式进行介绍和讲解：

「みなさん、こんにちは！桂林の漓江へようこそ。漓江は広西桂林市で最も有名な自然景観の一つです。まず、漓江の地質的特徴についてお話しします。この地域では、奇峰怪石や清澈で碧緑色の水域が見られます。これらの美しい景色は、何百万年もの間に形成されたものです。」

「さらに、漓江の植生についてもご紹介します。峭壁に生い茂る翠緑の植物や水中に咲く睡蓮など、さまざまな植物が漓江周辺に生育しています。これらの植物が漓江の美しい風景を彩っています。」

「また、漓江に関連する伝説や文化についてもお話しできます。例えば、漓江には女儿山という有名な山があり、その山には美しい伝説が残っています。また、漓江にまつわる古代の詩歌も多く存在します。これらの文化的側面から漓江をご紹介することで、より深い理解と興味を持っていただけるかと思います。」

第五章 广西观光日语导游应用案例研究

图5-1 漓江风景1

图片来源：高浩。

图5-2 漓江风景2

图片来源：邓宗波。

图5-3 漓江风景3

图片来源：王全新。

② 月亮山（日文：月の山）

阳朔的月亮山是广西另一个著名的自然景点。导游可以向游客介绍月亮山的地质特征，如山峰的形状和岩石的构造。此外，导游还可以介绍月亮山周围的植被类型，如常见的竹子和茶树。同时，导游还可以分享与月亮山相关的传说和文化，如关于月亮山上的古老道观和与山名有关的民间故事。

例：

导游：皆さん、今日は皆さんを広西の著名な自然景点、阳朔の月の山へ案内します。

游客：（期待の表情）月の山、とても美しい山ですね！

导游：そうですね。月の山は独特な地質特徴を持ち、美しい山形と岩石の構造を展示しています。山の形は新月に似たため、月の山と呼ばれます。

游客：（驚きの表情）すごいですね！岩石はどんな形成過程を経験したのでしょうか？

导游：月の山の岩石は億万年の間、地殻の隆起と侵食作用の影響を受け、独特的形態を呈現しています。また、周囲の植生も豊富で、竹や茶の木がしばしば見受けられます。

游客：（感嘆の表情）自然の鬼斧神工ですね。この山は伝説や文化の背景もありますか？

导游：月の山には伝説和文化背景も豊富です。例えば、山上に古い道教の観があります。伝説によれば、古代の仙人は此山に隠遁し、修験を積み重ねました。また、山名の由来にも趣味深い民間話があります。

游客：（好奇心旺盛な表情）お願いします、詳しく教えてくれませんか？

导游：（笑顔）当然です。皆さんは月の山の伝説や文化についても深く知ることができるでしょう。

游客：（興奮に）期待しています！

图5-4　月亮山风景

图片来源：邓宗波。

本案例结合了导游与游客间的互动，介绍了月亮山的地质特征、植被以及相关的传说和文化，同时注重日语的表达方式和礼仪，使游客在欣赏自然美景的同时，也能深入了解当地的文化传说。

③ 龙脊梯田（日文：龍脊の棚田）

龙脊梯田是广西桂林市的一个著名景点，其以壮观的梯田景观而闻名。导游可以向游客介绍梯田的地质特征，如山地的地形和土壤的类型。此外，导游还可以解释梯田的植被类型，如水稻和当地特有的植物。导游还可以分享与龙脊梯田相关的文化，如当地农民的种植技术和传统的农事活动。

例：

导游：皆さん、今日は広西桂林市の有名な景点、龍脊の棚田を案内します。

游客：（好奇心を持って）龍脊の棚田、美しい田畑ですね！

导游：ですね。龍脊の棚田は壮美な田畑の景観で有名です。その背後に山の地形と土壌の種類が要因です。梯田は山地の地形に沿って建設され、土壌は主に黄泥と赤土の混合体です。

游客：（感嘆の表情）自然と人間の調和ですね。田畑の植被はどんな種類ですか？

导游：主に水稲が栽培されています。さらに、当地特有の植物も豊富です。例えば、茶や竹はこの地域の特色です。

游客：（驚きの表情）そうですか。文化面から、龍脊の棚田はどんな魅力を持ちますか？

导游：龍脊の棚田は当地の文化を深く反映しています。例えば、当地の農民は世代伝承の耕作法を遵い、伝統的な農業活動を進行します。梯田は昔から農耕文化の重要象徴です。

游客：（憧れの表情）たいへん面白いですね。私達も体験できるでしょうか？

导游：皆さんが望むなら、当然体験させていただきます。例えば、伝統の耕作を体験したり、田畑を漫歩したり、そして当地の食材を使った料理を味わうことができます。

游客:（喜ぶ表情）それはすばらしいです!

通过上述案例，导游向游客详细介绍了龙脊梯田的地质特征、植被种类以及与当地文化紧密相关的农耕技术和传统农事活动。同时，还提供了游客亲身体验当地文化和自然风光的建议，使游客能够更全面地了解龙脊梯田。

④ 南宁青秀山（日文：南寧青秀山）

青秀山是广西南宁市的一个著名自然景点，被誉为"南宁的后花园"。导游可以向游客介绍青秀山的地质特征，如山峰的形状和岩石的构造。同时，导游还可以介绍青秀山周围的植被类型，如常见的竹子和花卉。导游还可以分享与青秀山相关的文化，如当地的传统山水画和与山名有关的诗词。

（导游站在青秀山脚下，迎接来自四面八方的游客）

导游（熱い情熱的な口調）：皆さん、青秀山へようこそ!こちらは广西南寧市の有名な自然景点、南寧の"後庭園"と呼ばれる青秀山です。今日は青秀山の魅力を一緒に堪能しましょう。

（导游带着游客开始登山）

导游（歩きながら説明する）：青秀山は独特な地質特徴を有している山脈です。山峰は翠緑の屏風のように起伏をうねり、岩石は千奇百状、雄偉に立ち並びます。青秀山の地形は長年累月の自然作用の結果です。

（导游指向周围的植物）

导游（指さす）：また、青秀山周辺は豊かな植被類型を有しているにも注目です。類々の竹と花卉は青秀山の季節感を彩ります。特に春の季節、山茶花や杜鵑花が盛開、山を照らします。

（导游带领游客到达山顶，眺望远方）

导游（眺め）：ここから眺めれば、南寧市の美しい景色を一目に収められます。皆さん、南寧の美しさを思い浮かべてください。

（导游介绍青秀山的文化）

导游（解説）：青秀山は文化底蘊も豊富です。伝統の山水画や山名を歌詞にした詩句等、青秀山の美しさを芸術的に表現されています。例えば、古詩「青秀山高秋气爽」は青秀山の秋の景色を美しく描き出しています。

（导游结束解说，带领游客下山）

导游（礼儀正しく）：皆さん、青秀山の観光を楽しんでいただけましたら、幸いです。青秀山の魅力はまだたくさんあります。今後、再度青秀山を訪ねてください。

（导游微笑，向游客挥手告别）

导游（笑顔で）：また会いましょう！青秀山では皆さんを待ちます。ご安全旅行を！

图5-5 青秀山风景1

图片来源：蒋连春。

图5-6　青秀山风景2

图片来源：蒋连春。

⑤百色青石山（日文：百色青石山）

青石山是广西百色市的一个著名自然景点，其以奇特的石山地貌而闻名。导游可以向游客介绍青石山的地质特征，如山体的形状和岩石的颜色。此外，导游还可以介绍青石山周围的植被类型，如山地常见的灌木和野花。导游还可以分享与青石山相关的文化，如当地居民与山地环境的关系以及与石山有关的民间传说。

在青石山的入口，日语导游等待着游客。

导游（笑颜で）：こんにちは、皆さん。歓迎来到广西百色市の有名な自然景観地——青石山！ここは独特な石山地貌で有名で、大自然の鬼斧神工を堪能できます。今日は、一緒に青石山の魅力を体験しましょう。

（在登山途中，导游解说山的地形和岩石的颜色）

导游（解説中）：青石山は地形の多様性と岩の色の独特性を誇ります。

山体はさまざまな形を呈し、岩の色は青灰色調为主で、自然の力の痕跡を鮮明に映し出しています。

（在山道上行走时，导游介绍周围的植被）

导游（指差し）：ここ周囲は豊富な植生類型を有している。山地特有の灌木や野花が石の隙間から頑張って生きており、青石山を更加に生機を与えています。

（在分享文化要素的时候，突然天气急剧变化，下起了暴雨）

导游（緊張）：皆さん、突然の大雨です。事前予想していませんでした。しかし、安心してください。私は緊急処理を知っています。近くに避雨の場所があります。皆さん、私を跟ってください。

（导游匆忙地带领游客前往避雨的洞穴）

导游（洞窟内、緩和）：皆さん、大丈夫ですね。ここは安全です。雨は一時的ですから、待ってください。茶と菓子を用意しました。利用してください。

（雨停了，导游再次出发）

导游（笑顔で）：皆さん、雨は止みました。幸運に恵まれましたね。再度、登山を始めましょう。今度は、天気予報を注意深く確認し、万全の準備をしたいと思います。

（结束了青石山之旅，导游送别游客）

导游（誠意で）：皆さん、今日はありがとうございました。突然の大雨を経験しましたが、幸運に恵まれ、安全に帰還できました。今後、青石山を訪問する際は、私を連絡してください。皆さんの安全と満足を大切に想っています。旅路を幸せに！

此导游案例情景主要描述了一位日语导游在面对突然降下的大雨时，如何迅速而有效地处理紧急情况，确保游客的安全，并继续提供愉快的旅行体验。通过这一情景，展示了导游在应对突发状况时的应急能力和专业素养。

⑥防城港（日文：防城港）

防城港是广西北部湾的一个重要港口城市，拥有美丽的海滩和海岛。导游可以向游客介绍防城港的地理特征，如海岸线的形状和海洋生态系统。此外，导游还可以介绍防城港周围的海洋动植物，如珊瑚礁和海龟。导游还可以分享与防城港相关的渔业文化和海洋保护的实践。

导游：皆さん、こんにちは。今日は防城港へようこそ！防城港は広西北部湾に位置する重要な港湾都市です。ここでは美しい海岸線や海洋生態系が広がっています。

皆さん、防城港の地理的特徴について少し紹介させていただきます。防城港の海岸線はどのような形状をしているかご存知でしょうか？また、この地域の海洋生態系にはどんな特徴があるか、興味深いですね。

さらに、防城港周辺には珊瑚礁や海亀などの海洋動植物が生息しています。これらの生物たちはこの地域の豊かな海洋生態系の一部です。海洋生物たちの生態や保護活動についても興味深いお話があります。

そして、防城港では漁業文化も盛んです。地元の漁業文化や海洋保護の取り組みなど、この地域ならではの魅力もたくさんあります。皆さんもぜひ現地の雰囲気を感じながら、防城港を存分にお楽しみくださいね。それでは、一緒に素敵な時間を過ごしましょう！

⑦靖西寨沙溶洞（日文：靖西寨の砂岩洞窟）

靖西寨沙溶洞是广西靖西市的一个著名地下景点，以其壮观的石钟乳和地下河流而闻名。导游可以向游客介绍沙溶洞的地质特征，如石钟乳的形成和地下河流的形成过程。同时，导游还可以介绍洞穴中的生态系统，如蝙蝠和地下河流中的鱼类。导游还可以分享与沙溶洞相关的探险故事和洞窟艺术。

例：

大家好，欢迎来到广西靖西市的美丽之地——靖西寨沙溶洞！今天，我会作为大家的导游，带领大家一同探索这个神奇的自然奇观。

在进入溶洞之前，我先简单为大家介绍一下它的地质特征。大家看到的这些壮观的石钟乳，它们的形成可是需要数万年甚至数十万年的时间呢。大家可以想象一下，这些石钟乳是由地下水中的碳酸钙逐渐溶解、沉积而形成的。每一滴水的落下，都在为这些石钟乳的壮大贡献着力量。

当然，除石钟乳外，这里的地下河流也是一道独特的风景。这条地下河流在岩石的缝隙中流淌，经历了岁月的洗礼，才形成了今天的模样。大家不妨走近一些，感受一下地下河流的清凉和宁静。

而在这个溶洞之中，还隐藏着一个小小的生态系统。大家看，那些蝙蝠就是这里的居民之一。它们在黑暗中飞翔，捕食昆虫，为维持这个生态系统的平衡做出了贡献。此外，地下河流中还生活着一些特殊的鱼类，它们适应了这里的环境，成为这个生态系统不可或缺的一部分。

当然，说到靖西寨沙溶洞，怎么能不提它的探险故事和洞窟艺术呢？这里曾经是许多探险家梦寐以求的神秘之地。他们勇敢地探索着未知的洞穴，留下了许多惊险刺激的探险故事。同时，古人也在洞壁上留下了精美的壁画，展示了他们对自然和生活的美好向往。

接下来，就让我们一起走进靖西寨沙溶洞，感受大自然的鬼斧神工和人类智慧的结晶吧！如果有任何问题或者想要了解更多关于这个溶洞的知识，随时都可以问我哦！

游客：「すみません、これらの鍾乳石は実際に重いですか？」

导游：「はい、たとえ外観的に軽そうに見えても、特に大型の鍾乳石は数トンや数十トンもあります！」

游客：「わあ、この地下川それは約どのくらいの長さですか？」

导游：「この地下川は約数百メートルです。それはこの鎔洞の一部であり、広西の独特な地下水資源のひとつです。」

游客：「ガイドさん、あの壁画は何の意味ですか？」

导游：「これらの壁画は古代人々の生活や景色、技術の美しさを描いたものです。これらの壁画を通じて、私たちは古代人々の知恵と才能を垣間見ることができます。」

此导游案例情景主要描绘了一位导游在面对游客对石钟乳、地下河流以及壁画的好奇提问时，如何详尽而生动地解答。这个解答不仅提供了科学准确的信息，还巧妙地将历史文化融入解说中，为游客提供了丰富而愉快的旅行体验。通过这一情景，不仅展示了导游提供的专业解说服务，也展现了其深厚的历史文化素养和出色的沟通能力。

⑧北海银滩（日文：ベイハイの銀色ビーチ）

北海银滩是广西北海市的一座美丽海滩，其以洁白的沙滩和碧蓝的海水而闻名。导游可以向游客介绍银滩的地理特征，如海滩的形状和海水的澄清度。此外，导游还可以介绍银滩周围的海洋生物，如海星和贝类。导游还可以分享与银滩相关的海滩活动和当地海岛文化。

（导游对游客说）

导游：皆さん、ここは広西北海市の美しいビーチ、北海銀灘です。白砂の海岸と碧い海水で有名なこの場所です。

（导游指向海滩）

导游：このビーチの形は月の弓のようです。ただ見れば、心を澄まされます。海水は清澈透明で、海底の生物をよく見えます。

（导游弯下腰，捡起一个贝壳）

导游：これは海の貝類です。北海銀灘の周りは、海星や貝類などの海洋生物が豊富に生息しています。皆さん、走って行って、より多くの生物を探し出してください！

（游客纷纷跑去寻找海洋生物）

导游：皆さん、北海銀灘は、多種多様なビーチアクティビティを提供しています。例えば、沖合泳、沖浪、潜水、砂上バスケットボールなど。また、北海の地元文化も魅力十足です。夕方は、海辺の露地海鮮料理店で、新鮮な海鮮を味わい、夜を楽しんでください。

（导游指向远处）

导游：そして、北海銀灘の夕陽景色は、一生忘れられない美しさです。黄昏の時、夕日は海面を染めて、金色の光の中、皆さんと一緒に、これは本当に幸せな瞬間です。

（游客纷纷表示期待，场景结束）

在这个日语导游案例中，导游首先向游客介绍了北海银滩的地理位置和特色，强调其洁白的沙滩和碧蓝的海水。接着，导游向游客展示了海滩的形状和海水的澄清度，还介绍了银滩周围的海洋生物，如海星和贝类，让游客有更加生动的了解。最后，导游向游客推荐了银滩的各种海滩活动和当地海岛文化，以及不可错过的夕阳景色，使游客对北海银滩充满了期待和好奇。

图 5-7　北海银滩风景

图片来源：代佳欣。

（3）民俗风情村落

广西的一些村落保留了浓厚的民俗风情，如龙胜的梧桐寨、平乐的临岐古镇等。在这些村落中，日语导游可以向游客展示当地的传统手工艺、民俗活动以及与当地习俗和传统节日相关的故事。

①龙胜梧桐寨（日语：ロンションウトンザイ）

龙胜梧桐寨位于广西壮族自治区龙胜各族自治县，是一个保留了浓厚的民俗风情的村落，这里有独特的建筑风格和传统的手工艺品制作技艺。游客可以在导游的带领下参观当地的传统手工艺作坊，如纺织、编织和陶器制作等；导游还可以向游客介绍当地的民俗活动，如传统婚礼仪式和节日庆祝活动。

例：

［中文］龙胜梧桐寨位于广西壮族自治区龙胜各族自治县，是一个保留了浓厚的民俗风情的村落。这里有独特的建筑风格和传统的手工艺品制作技艺。游客可以在导游的带领下参观当地的传统手工艺作坊，如纺织、编织和陶器制作等。导游还可以向游客介绍当地的民俗活动，如传统婚礼仪式和节日庆祝活动。

［日本語］ロンションウトンザイは広西チワン族自治区龍勝チワン族自治県に位置する、伝統的な民俗風情が残る村落です。ここでは独特な建築様式や伝統的な手工芸品の制作技術があります。観光客はガイドの案内で現地の伝統的な手工芸品の作業場を訪れることができます。例えば、紡織や編み物、陶器の制作などです。また、ガイドは伝統的な結婚式や祭りのお祝いなど、現地の民俗活動についても紹介することができます。

②平乐临岐古镇（日语：ヒールウリンチコチン）

平乐临岐古镇位于广西壮族自治区桂平市，是一个古老而有魅力的村落。这里保留了许多传统的建筑和文化遗产，如古老的宅院、庙宇和街道。导游可以向游客介绍古镇的历史背景和当地的传统生活方式。此外，导游还可以向游客分享与当地习俗和传统节日相关的故事和活动。

例：

［中文］平乐临岐古镇位于广西壮族自治区桂平市，是一个古老而有魅力的村落。这里保留了许多传统的建筑和文化遗产，如古老的宅院、庙宇和街

道。导游可以向游客介绍古镇的历史背景和当地的传统生活方式。此外，导游还可以向游客分享与当地习俗和传统节日相关的故事和活动。

［日本語］ヒールウリンチコチンは広西チワン族自治区グイピン市に位置する、古くて魅力的な村落です。ここでは多くの伝統的な建築物や文化遺産が保存されており、古い邸宅、寺院、通りなどがあります。ガイドは古い町の歴史的背景や地元の伝統的な生活様式について観光客に紹介することができます。また、ガイドは地元の習慣や伝統的な祭りに関連する物語や活動を観光客と共有することもできます。

（4）文化艺术表演

广西有丰富多样的文化艺术表演，如广西民族歌舞团的演出、壮族的田螺歌等。日语导游可以向游客介绍表演的背景和意义，并解释其中的文化内涵和艺术技巧。

①广西民族歌舞团（日语：グアンシーミンゾクガブトン）

广西民族歌舞团是广西壮族自治区的一支专业歌舞表演团体，以展示广西各民族的传统音乐、舞蹈和戏剧为特色。他们的演出包括壮族、瑶族、侗族、苗族等多个民族的表演节目。日语导游可以向游客介绍每个表演的背景和意义，解释其中的文化内涵和艺术技巧。

例：

（导游对游客说）

导游：皆さん、今日の行程は、スペシャルな的民族芸術を紹介します。広西壮族自治区の著名な「グアンシーミンゾクガブトン」、つまり广西民族歌舞团です。

（导游带领游客进入表演场地）

导游：この歌舞団は、広西各民族の伝統音楽、ダンス及びドラマを展示する専門芸術団体です。壮族、瑶族、侗族、苗族など多くの民族の芸術作品を上演します。

（表演开始，导游解说）

导游：今、壇上の芸人達は、壮族の伝統音楽とダンスを披露しています。壮族の音楽は独特の旋律、和音と節拍で、聴衆を魅了します。そして、ダンスは力と美の完璧な融合を示唆しています。

（表演转换到瑶族节目）

导游：次に、瑶族の芸術作品が始まります。瑶族の文化は深山老林に深く根付いており、その芸術作品は大自然と調和共鳴、人間と自然の共生を象徴しています。

（表演结束，导游总结）

导游：広西民族歌舞団の公演は、広西の多元文化を生動に展示しています。各民族の芸術作品は、独特な文化内涵と芸術技巧を包み込んでいます。皆さん、広西の民族芸術の魅力を深く感じ取ることができたでしょう。

（游客纷纷表示赞叹，场景结束）

在这个日语导游案例中，导游向游客介绍了广西民族歌舞团，这个专业的歌舞表演团体展示了广西多个民族的传统音乐、舞蹈和戏剧。导游在每个表演节目开始时，都会为游客解释其背景和意义，揭示其中的文化内涵和艺术技巧。游客通过导游的解说，能够更深入地理解广西多元文化的魅力，对广西的民族文化产生兴趣。

② 壮族田螺歌（日语：チョウゾクデンラガ）

壮族田螺歌是广西壮族自治区壮族传统音乐的一种表演形式，其以独特的节奏和歌词而闻名。这种表演通常由一位或多位歌手和一支乐器团队共同完成。日语导游可以向游客介绍田螺歌的历史和文化背景，解释其中的歌词意义和艺术技巧。

例：

（导游开始解说）

导游：皆さん、次は広西壮族自治区の壮族の伝統音楽「チョウゾクデンラガ」、すなわち壮族田螺歌を紹介します。これは壮族特有の音楽形態で、独特のリズムと歌詞で知られています。

（导游引导游客就座，准备观看表演）

导游：壮族田螺歌は、通常一位または多位歌手と楽器チームの共演で行われます。歌詞は、壮族の日常生活、自然景色、人間情感を題材に、深邃な情感と豊かな想像力を呈しています。

（表演开始，导游继续解说）

导游：今、歌手達は、田螺歌の名曲を披露しています。御耳元を傾け、その独特のリズムと歌詞を味わってみてください。壮族田螺歌は、歌詞の意味と芸術的技巧を完璧に融合し、人間の心霊を深く打動します。

（表演结束，导游总结）

导游：壮族田螺歌は、壮族の伝統文化の重要な部分です。それは、壮族の民族性、歴史、文化を表現し、聴衆を魅力のままに保ちます。皆さん、壮族田螺歌の美しさを堪能しましたでしょう。

（游客鼓掌称赞，表示对壮族田螺歌的赞赏和喜爱）

在这个日语导游案例中，导游向游客介绍了壮族田螺歌，这是广西壮族自治区的壮族传统音乐表演形式。导游解释了田螺歌的历史和文化背景，以及歌词的意义和艺术技巧。通过观看表演，游客能够亲身感受壮族田螺歌独特的节奏和歌词，进一步了解壮族的民族性、历史和文化。这种表演形式深受游客的喜爱和赞赏。

5.2　旅游企业对日语导游的需求和评估

旅游企业是否需要日语导游，也是值得考虑的重要话题。旅游企业对日语导游的需求和评估是基于自身的目标市场和客户需求来确定的。以下是本书根据经验研究和文献研究等方法认为一些旅游企业可能会考虑的因素。

目标市场。如果旅游企业的目标市场是日本游客，那么他们需要招聘具备流利日语沟通能力的导游。这样的导游能够为游客提供全面的解说和指导，以及与他们进行无障碍的交流。

日语水平。旅游企业会评估导游的日语水平，包括听、说、读、写等方面。导游需要具备良好的日语口语表达能力，能够流利地与游客交流，并准确传达相关信息。此外，导游的日语阅读和写作能力也很重要，这样他们可以理解和解释景点的历史、文化等相关内容。

专业知识和经验。旅游企业会评估导游的专业知识和经验，包括对景点、历史、文化等方面的了解。导游需要具备广泛的知识储备，能够给游客提供详细的解说和背景知识，并回答他们的问题。

文化适应能力。导游在与日本游客互动时，需要具备一定的文化适应能力。他们应该了解日本文化和礼仪，以便为游客提供更贴心、周到的服务。

旅游技巧。导游需要具备良好的旅游技巧，包括领队能力、时间管理、解决问题的能力等。他们需要能够组织和引导游客参观景点，确保行程的顺利进行，并在需要时解决任何出现的问题。

综上所述，旅游企业对日语导游的需求和评估主要考虑导游的日语水平、专业知识、经验、文化适应能力和旅游技巧等方面。通过招聘具备这些能力的导游，旅游企业可以提供给日本游客更好的旅游体验。以此为理论基础，一家广西旅游企业如果有以下情况，可以考虑聘请专职日语导游。

日本团队旅游。当广西旅行社接待来自日本的旅游团队时，他们通常会需要一名日语导游。这样的导游可以与团队成员进行沟通，提供相关的解说、指导和协助，确保日本游客的旅行顺利进行。

个人定制旅游。有些日本游客可能会选择个人定制的旅游方案，而不是加入团队旅游。在这种情况下，广西旅行社可能会根据游客的需求和喜好，为他们安排专属的旅游行程。为了更好地服务这些个人游客，他们可能会雇佣一名擅长日语的导游，以便与游客进行沟通并提供全面的解说和指导。

日本市场开发。广西旅行社可能会积极开拓日本市场，吸引更多的日本游客来广西旅游。为了更好地满足这一目标，他们可能会招聘具备日语能力的导游，以提供专业的导游服务，并与日本游客建立良好的沟通和关系。

5.3　评估游客对日语导游服务的满意度

关于顾客满意度，已经有相当成熟的模型和量表，但在实际操作中，导游活动结束后或对日语导游进行相关研究时，评估游客对日语导游服务的满意度对量表问项适当补充或添加问题非常重要，结合本书介绍，建议可以进行以下调查或作为添加文项以作参考。

问卷设计思路。设计问卷问项，包括多个方面的问题，涵盖导游的专业知识、沟通能力、服务态度、行程安排等。可以使用满意度评分或选择题的形式，也可以提供开放式问题让游客进行自由回答。

专业知识。询问游客对导游在旅游目的地历史、文化、名胜景点等方面的知识掌握程度和传达能力。

示例问题：

导游对目的地的历史和文化知识了解程度如何？

导游的解说是否清晰易懂，能够生动有趣地介绍景点吗？

沟通能力。了解游客对导游的日语沟通能力的评价，包括语言表达流利程度、听说能力、交流效果等。

示例问题：

导游的日语口语表达流利吗？

导游是否能够理解游客的需求并进行有效的沟通？

服务态度。了解游客对导游服务态度的满意度，包括导游的友好程度、耐心与细心程度、对待问题的处理方式等。

示例问题：

导游的服务态度友好和善吗？

导游能够耐心解答游客的问题吗？

行程安排。询问游客对导游安排的行程和活动的满意程度，包括景点选择、时间安排、交通组织等。

示例问题：

导游的行程安排合理且充实吗？

导游是否能够及时组织好游览活动？

总体评价。询问游客对导游服务的总体满意度，并提供一个综合评分或满意度等级。

示例问题：

您对导游的整体服务满意度如何？

您是否愿意推荐这位导游给其他人？

通过以上调查，可以了解游客对日语导游服务的满意度，并根据反馈结果对导游的培训和服务进行改进和提升。

第六章

广西观光日语导游的发展与挑战

<<< 第六章　广西观光日语导游的发展与挑战

6.1　发展机遇和前景

在广西，随着旅游业的快速发展和对外交流的增加，广西观光日语导游的需求日益增长。日本作为世界上著名的旅游目的地之一，吸引了大量的游客前往游览，其中包括来自中国以及其他国家的游客。这为广西观光日语导游提供了广阔的发展机遇和前景。

首先，随着中日两国关系的不断发展，中日之间的经济、文化、教育等领域的交流与合作也越来越密切。这促进了广西观光日语导游需求的增长。许多日本游客希望能够更深入地了解广西的历史、文化和风景，而广西观光日语导游能够提供专业的解说和讲解，满足他们的需求。此外，随着中国游客对日本旅游的兴趣增加，广西观光日语导游也可以在中国境内为这些游客提供服务，帮助他们更好地了解和体验日本文化。

其次，广西拥有丰富的自然和人文资源，具有独特的旅游魅力。广西拥有壮、瑶、侗、苗等多个少数民族，每个民族都有自己独特的文化和风俗习惯。这为广西观光日语导游提供了广泛的应用场景和机会。导游可以通过讲解和展示这些独特的文化元素，吸引游客的兴趣，并提高他们对广西旅游的满意度和忠诚度。

最后，广西还拥有壮乡、桂林、阳朔等著名的旅游目的地，这些地方以其美丽的自然风光和悠久的历史文化而闻名于世。广西观光日语导游可以通过专业的解说和讲解，向游客介绍这些景点的背景知识和故事，帮助游客更好地理解和欣赏这些景点的独特之处。

在未来，随着中国与日本之间的旅游交流的进一步加强，广西观光日语导游的需求将会持续增长。广西政府也意识到旅游业的重要性，正在大力推动旅游业的发展，提供更多的支持和资源。这为广西观光日语导游的发展创造了良好的环境和机遇。

总之，广西观光日语导游在发展机遇和前景方面具有巨大的潜力。随着中日两国关系的不断发展和广西旅游业的快速发展，广西观光日语导游的需求将会持续增长。广西丰富的自然和人文资源以及独特的旅游魅力也为广西观光日语导游提供了广阔的应用场景和机会。在政府的支持和推动下，广西观光日语导游有望在未来取得更大的发展。

6.2　面临的挑战和问题

在广西观光日语导游应用过程中，也面临着一些挑战和问题。了解并应对这些挑战和问题，对于提高广西观光日语导游服务质量和推动行业发展具有重要意义。

首先，语言能力是广西观光日语导游面临的主要挑战之一。导游需要具备流利的日语口语能力，以便与日本游客进行有效的沟通和交流。然而，不同导游的语言水平和口语表达能力存在差异，这可能会影响到导游的解说和讲解效果。因此，导游应该不断提升自己的语言能力，通过学习和实践来提高口语表达能力，确保能够准确、流利地传达信息。

其次，文化差异也是广西观光日语导游面临的挑战之一。日本游客和中国游客在文化背景、价值观念和行为习惯等方面存在差异。导游需要了解并尊重不同文化之间的差异，避免因文化冲突而影响导游服务质量。导游可以通过学习和研究日本文化，加深对日本游客的了解，以便更好地满足他们的需求。

再次，导游还面临着时间安排和工作强度的问题。旅游行程通常紧凑而繁忙，导游需要在有限的时间内为游客提供全面的解说和讲解。这对导游的工作能力和应变能力提出了较高的要求。导游需要合理安排行程，确保游客能够充分了解和体验广西的风景和文化。同时，导游还需要具备较强的耐力和抗压能力，以应对长时间的工作和较快的工作节奏。

最后，随着信息技术的快速发展，导游面临着信息传递方式的变革。一些游客可能更倾向于使用手机或其他电子设备获取相关信息，而不是依赖导游的口述讲解。这给导游的角色和作用带来了一定的挑战。导游需要适应这种变化，掌握新的信息传递方式，如通过社交媒体、旅游应用软件等与游客进行互动和交流。

总之，在广西观光日语导游应用过程中，面临着语言能力、文化差异、时间安排和信息传递方式等方面的挑战和问题。导游应该努力提升自己的语言能力，了解并尊重不同文化之间的差异，合理安排行程并具备较强的工作能力和应变能力。同时，导游还应适应信息技术的发展，掌握新的信息传递方式，以提供更好的导游服务。通过应对这些挑战和问题，广西观光日语导游能够提高服务质量，推动行业的发展。

6.3 未来发展方向和建议

在广西观光日语导游应用的案例研究基础上，我们可以提出一些未来发展的方向和建议，以促进广西观光日语导游行业的进一步发展和提升服务质量。

首先，建议加强对导游的培训和专业化发展。导游作为旅游服务的重要组成部分，需要具备丰富的知识和专业技能。可以通过设立培训机构或专业学院，提供相关的培训课程和资格认证，帮助导游提升语言能力、掌握解说技巧、提升文化素养等。此外，建议导游参与学术交流和研究，不断学习和更新知识，提高自身的专业水平。

其次，建议加强导游与旅游景区、旅行社等旅游企业之间的合作。导游可以与景区、旅行社建立紧密的合作关系，共同制定旅游线路和活动安排。这样可以更好地满足游客的需求，提供更个性化、专业化的导游服务。同时，导游还可以通过与旅游企业合作，获得更多的资源和支持，提高自身的竞争力。

再次，建议加强导游的信息技术应用能力。随着信息技术的快速发展，导游需要适应新的信息传递方式和工具。建议导游学习和掌握使用各种电子设备和应用程序，如导览设备、手机应用、社交媒体等，以更好地与游客进行互动和交流。这样可以提供更便捷、个性化的导游服务，满足游客对信息获取的需求。

最后，建议广西政府加大对旅游业的支持和投资。旅游业作为广西经济发展的重要支柱产业，政府应该加大对旅游业的支持和投资，提供更多的资金和资源，推动旅游设施的建设和改善。同时，政府还可以加强旅游业的宣传和推广，提高广西观光日语导游的知名度和影响力，吸引更多的游客前来体验广西的风景和文化。

总之，未来发展方向和建议包括加强导游的培训和专业化发展、加强导游与旅游企业的合作、提升导游的信息技术应用能力以及加大对旅游业的支持和投资。通过这些措施，可以进一步提高广西观光日语导游的服务质量，推动行业的发展，为游客提供更好的旅游体验。

6.4　结论

本研究通过对广西观光日语导游应用研究，得出了以下结论。

广西观光日语导游应用在提供旅游解说和讲解方面发挥重要作用，帮助游客更好地了解和体验广西的风景和文化。通过使用日语进行导游服务，可以为日本游客提供更贴心、便捷的旅游体验。

广西观光日语导游应用面临着语言能力、文化差异、时间安排和信息传递方式等方面的挑战和问题。导游需要具备流利的日语口语和书面表达能力，以及对广西的历史、文化、地理等方面的深入了解。同时，导游还需要灵活安排行程，合理分配时间，并且能够通过多种信息传递方式，如语音解说、图文介绍等，向游客提供准确、有趣的信息。

基于以上研究发现，对广西观光日语导游应用的未来展望如下。

提供更全面、深入的旅游解说和讲解，通过丰富的知识和生动的表达方式，使游客对广西的风景和文化有更深入的了解。

利用信息技术，提供更便捷、个性化的导游服务，如通过导览设备、手机应用等方式提供实时信息和互动体验。

加强与旅游企业的合作，共同制定旅游线路和活动安排，提供更多元化、个性化的旅游体验。

加强与相关机构和学术界的合作，推动研究和交流，提高导游的专业水平和行业认可度。

日语导游应有创新精神，反对本本主义。创新精神是指在工作中寻找新的方法和创意，以提供更好的服务和体验。与之相对的本本主义则强调遵循既定的规则和程序，缺乏灵活性和创造力。

旅游行业的竞争激烈性确实需要导游具备创新能力。然而，反对本本主义并不意味着完全放弃规则和程序。相反，反对本本主义是指导游应该在规则和程序的基础上有灵活性和创造力，以提供更好的旅游体验。

设计新颖的行程安排是创新导游的一项重要任务。导游可以通过了解游客的需求和兴趣，结合目的地的特色和资源，设计独特且符合游客期望的行程。这可能包括参观非传统的景点、安排与当地居民互动的活动、推荐特色餐厅等。通过这样的创新行程安排，导游可以为游客提供与众不同的旅游体验。

此外，结合当地特色文化和传统艺术也是创新导游的一项重要策略。导游可以通过介绍当地的历史、文化背景、传统艺术形式等，使游客更深入地了解目的地的独特魅力。导游可以组织参观传统工艺品工作坊、观赏当地艺术表演、参与传统节日庆祝活动等，让游客亲身体验当地文化的魅力。

然而，反对本本主义并不意味着随意违反规则和程序。导游仍然需要遵守相关的法律法规和行业标准，确保游客的安全和满意度。创新应该是在合理范围内进行的，不应牺牲游客的利益和旅游质量。

反对本本主义并不是要完全放弃规则和程序，而是要在规则和程序的基础上发挥创新能力。导游可以通过设计新颖的行程安排、结合当地特色文化和传统艺术等方式，为游客带来独特的旅行体验。然而，创新应该在合理范围内进行，遵守相关的法律法规和行业标准，以确保游客的安全，提升游客的满意度。通过增强这样的综合能力，导游可以在竞争激烈的旅游行业中脱颖而出。

旅游行业的不断变化要求导游具备创新精神。然而，反对本本主义并不意味着盲目追求新潮和短期流行。相反，反对本本主义是指导游应该在变化中保持理性思考和全面考量，以为游客提供最新、最有吸引力的旅游内容。

旅游行业的快速发展带来了许多新的旅游景点、产品和服务。只有具备创新精神的导游才能及时了解这些变化，并将其融入旅游行程。导游需要积极关注行业动态、学习新的旅游知识和技能，以便为游客提供最新、最有吸引力的旅游内容。

反对本本主义并不是对变化的盲目追逐。导游需要在变化中保持理性思考和全面考量。导游应该评估新的旅游景点、产品和服务是否符合游客的需求和期望，以及是否与目的地的整体旅游形象相符。导游还需要考虑可持续性和环境保护等因素，确保新的旅游内容不会对当地社区和自然环境造成负面影响。

反对本本主义，并不意味着要否定一切。相反，在旅游行业中，导游应当承担起重要的责任，注重传统文化和价值观的传承、挖掘与开发利用。在尊重和保护目的地传统文化与历史遗产的前提下，导游可以通过创造性地引入新的旅游景点和产品，使旅游体验更加丰富多彩。具体而言，他们可以通过生动讲述历史故事、详尽介绍当地风俗习惯以及展示传统艺术等手段，引领游客深入探索并亲身体验目的地的独特魅力，从而促进文化的传承与交流。

导游需要具备创新精神，及时了解并应对旅游行业的变化，为游客提供最新、最有吸引力的旅游内容。然而，导游也应该注重传统文化和价值观的传承，以及可持续性和环境保护等因素，以确保旅游活动的质量和影响力。通过提升这样的综合能力，导游可以在竞争激烈的旅游行业中脱颖而出。

同样，日语导游也应具备创新精神，摒弃本本主义、教条式的思维方式，避免过度依赖经验而忽视新方法的探索，确保不被既有框架和固定模式束缚，从而阻碍导游事业的进步。创新不仅能有助于日语导游为日语游客提供独具广西文化特色且异于日本文化的独特旅游体验，还能使导游们紧跟行业变迁，提升个人专业素养和服务质量。然而，创新应在合理范围内进行，遵守相关的法律法规和行业标准。通过创新，日语导游可以为游客带来更好的旅游体验，推动旅游行业的发展。

同时，我们也要认识到本研究存在一定的局限性，需要进一步研究来完善和深化相关领域的知识。具体而言，以下是我们需要进一步研究的方面。

本研究仅以广西观光日语导游应用为例进行研究，未涉及其他地区和语种的导游应用。可以进一步拓展研究范围，探索其他地区和语种的导游应用案例。

本研究主要关注导游的语言能力、文化差异等方面的挑战和问题，可以进一步研究导游的服务态度、沟通技巧等方面的影响因素。

本研究未对广西观光日语导游应用的效果进行具体评估和分析，可以采用问卷调查、访谈等方法进行实证研究，以评估导游服务的质量和满意度。

本研究未涉及广西观光日语导游应用的商业模式和经济效益，可以进一步研究导游应用的商业化发展和可持续性。

综上所述，通过对广西观光日语导游应用的案例研究，我们总结了研究发现，并对广西观光日语导游应用的未来展望和进一步研究提出了建议。这些研究成果有助于提升广西观光日语导游的服务质量，推动行业的发展，为游客提供更好的旅游体验。

参考文献

[1] 毛泽东.反对本本主义[M].北京：人民出版社，1964.

[2] 高浩.大数据时代下的企业管理模式创新研究[J].中国中小企业，2022（9）：79-80.

[3] 王哲.外语导游人员职业能力问卷调研报告[C].中国旅游科学年会，2013.

[4] 刘妍.旅游翻译服务专业化能力提升研究：以黑龙江省冰雪旅游为例[J].商业观察，2023，9（17）：66-69.

[5] 罗芳.高素质外语导游人才培养策略研究[J].旅游与摄影，2022（4）：92-94.

[6] 杨秋芬，陈斯，陈雷.日本地方旅游业发展模式及启示[J].科技视界，2017（1）：71.

[7] 於厚荣，彭茜.黔东南旅游现状及发展策略研究[J].旅游纵览，2023（7）：81-83.

[8] 金伊花.中日文化差异与日语导游员培养[J].长江大学学报（社会科学版），2011，34（2）：80-81.

[9] 武锐.日语导游口译与情景语境的和谐[J].连云港师范高等专科学校学报，2011，28（4）：26-28.

[10] 金伊花，马安东.基于"配虑表现"规则的日语导游礼貌用语习得[J].长春理工大学学报（高教版），2012（5）：97-98.

[11] 王宝珍.日语导游实务[M].上海：上海交通大学出版社，2012.

[12] 穆洁华.日语导游教程[M].北京：旅游教育出版社，2007.

[13] 周小臣.实用导游日语[M].北京：外语教学与研究出版社，2013.

[14] 许向蒲.旅游日语与敬语服务[J].考试周刊，2008（45）：219-220.

[15] 张萍.日语导游应具备的基本知识[J].环球市场，2020（30）.

[16] 李娜.广西旅游业与经济发展研究[J].合作经济与科技，2023（5）：33-35.